高校思想政治工作研究文库

教育部思想政治工作司　组编

新时代高校思想政治理论课 改革创新研究

李栓久 ◎主编

人民出版社

目　录

前　言 ………………………………………………………………… 1

第一编 | 新时代高校思想政治理论课
　　　　改革创新的理论遵循研究

思想政治理论课改革创新要坚持建设性与批判性

　　相统一 ……………………………………………… 李辽宁 3

中国共产党开创中国式现代化新道路的历史经验及

　　新时代价值 …………………………………… 薛一飞　王清霞 14

　　——高校思想政治理论课程教学的新命题

基于热点问题导向的"习近平新时代中国特色社会

　　主义思想概论"教学创新路径与方法研究 ……………… 肖孟夏 22

新时代高校思想政治理论课"八个相统一"规律

　　研究论纲 ……………………………………………… 陈加飞 31

坚持统一性与多样性相统一：思想政治理论课改革

　　创新的重要原则 ……………………………………… 杜　敏 49

高起点打造"习近平新时代中国特色社会主义思想

概论"金课 ……………………………… 王瑕莉 苗翠翠 63

——基于首届"习近平新时代中国特色社会主义

思想概论"课多校联动集体备课会

第二编 │ 新时代高校思想政治理论课改革
创新的教学模式的构建研究

习近平新时代中国特色社会主义思想有机融入高校

思政课研究 …………………………………… 唐 娟 77

思政课教学重在以理服人 ……………………… 李 兵 87

思想政治理论课的理论"泛化"及其价值回归 ………… 张仁枫 98

——基于对四川高校大学生的问卷调查

高校思政课信息化教学实效性的影响因素及

提升路径 …………………… 黄丽珊 张珊珊 雷嘉欣 109

高校思想政治理论课翻转课堂教学调研报告 ………… 陈梅芳 119

大数据融入思想政治理论课:内涵、现状与策略 ……… 王元聪 133

思政课虚拟仿真实验项目的开发应用 ………… 张珊珊 黄丽珊 144

——以《我的同学江竹筠》为例

思政课教学中问题设计的四重维度 ……………… 周 俊 150

第三编 │ 新时代高校思想政治理论课
改革创新的立体融合研究

研究生教育中马克思主义理论学术共同体构建研究 …… 王彬彬 161

论"新时代中国特色社会主义理论与实践"

　　"四维体系"的内在联系 …………………………… 郑　晔 171

高校大学生思政课中融入创新教育的教学设计思考 …… 何艺新 182

中华优秀传统孝文化融入家庭美德教育的思考………… 申圣超 192

高校思政课与创新创业教育融合机制研究 …………… 张仁枫 202

试论藏族大学生社会主义核心价值观教育的方法 ……… 李燕红 217

多元化价值观背景下千禧一代大学生的道德

　　特征及德育难点 ………………………… 吴　敏　张珊珊 228

前　言

为党育人、为国育才是高校的庄严使命。实现中华民族千秋伟业，需要一批又一批立志为中国特色社会主义事业奋斗终生的栋梁之材。然而，担当民族复兴大任的时代新人不是凭空产生的，其政治素养、思想觉悟、道德水平不会自然形成，更不会自然提高。列宁认为，人民群众不能自发形成社会主义的先进思想体系，必须通过灌输予以引导。特别是青年学生正处于人生的"拔节育穗期""灌浆期"，迫切需要能够观察时代、解读时代、引领时代的理论指导。

思想政治理论课是用习近平新时代中国特色社会主义思想铸魂育人的主渠道。思政课的任务就是用马克思主义理论武装大学生头脑，以增强学生的使命担当为核心，引导学生系统掌握马克思主义基本原理及其中国化时代化的最新成果，深刻领会习近平新时代中国特色社会主义思想，培养运用马克思主义立场观点方法分析和解决问题的能力，坚定"四个自信"，自觉成为社会主义合格建设者和可靠接班人，为党和国家事业提供源源不断的人才保障。

高质量是新时代思政课的生命力。建好建强思政课，必须坚持将习近平新时代中国特色社会主义思想贯通思政课建设全过程，必须坚持高质量发展。思政课的"高质量"体现为学生听得进、记得住、用得好、传得开，使学生掌握理论、学会方法、自觉运用，能够让课堂"热"起来、实践

"用"起来、理论"活"起来，赋予新时代思政课强大的生命力。

创新是思政课高质量发展的动力源泉。思政课要赢得广大青年学生的喜爱，就要牢牢树立育人宗旨，紧紧抓住时代特征和时代主题，紧贴学生成长规律和思想需求，积极回应学生成长困惑和心理关切，用学生喜闻乐见的形式，实现教师"供"与学生"需"的完美契合。新时代最突出的特点就是"变"，时代在变，社会在变，学生群体在变……思政课唯有创新才能适应这一切的变化，从而实现学生真心喜爱、毕生难忘、终身受益。这里所谓的思政课创新，必然包含了理念、内容、教学形式等方方面面。

党的十八大以来，党中央高度重视高校思想政治教育和思政课建设，习近平总书记多次对高校思政工作、思政课建设、马克思主义学院建设做出重要指示、批示，为思政课改革创新提供了根本遵循。建好建强思政课是马克思主义学院的首要任务。四川大学马克思主义学院组织全体思政课教师认真学习领会习近平新时代中国特色社会主义思想，贯彻落实习近平总书记关于思政课建设的重要指示精神，积极开展"新时代思政课改革创新工程"，以"六要"标准打造高水平师资队伍，以"八个相统一"深化教育教学革命。每一位思政课教师深刻认识自身政治使命和历史责任，围绕教学理念、教学内容、集体备课、课堂讲授、课后实践等环节积极开展课程改革创新，形成了一系列研究和实践成果，本书所列是其中的一部分，与全国同行切磋交流。

在此衷心感谢教育部思政司和人民出版社的大力支持！在此书策划、组织、编写过程中，学院副院长李建华作为副主编做了大量工作。实践永无止境，思政课改革创新的探索也永无止境，本书权作思政课教师群体奋力跋涉的一个缩影。

李栓久

第一编

新时代高校思想政治理论课
改革创新的理论遵循研究

思想政治理论课改革创新要坚持
建设性与批判性相统一[①]

李辽宁

当今世界格局复杂多变，经济全球化、政治多极化、文化多样化、社会信息化深入发展，各种社会思潮十分活跃，给人民群众特别是广大青少年的思想观念和行为方式带来巨大冲击。思想政治理论课作为思想政治教育的主渠道，在人才培养过程中发挥着不可替代的作用。习近平总书记在学校思想政治理论课教师座谈会上的讲话中指出，推动思想政治理论课改革创新，要"坚持建设性和批判性相统一，传导主流意识形态，直面各种错误观点和思潮"[②]。这一论述揭示了办好思政课的内在要求，为推动思政课改革创新、提高思政课教育教学效果和人才培养质量指明了方向。

一、坚持建设性与批判性相统一是思想
政治理论课改革创新的内在要求

思想政治理论课改革创新具有建设性，这是由思政课的地位和作用决定

① 本文系四川大学思想政治理论课教学改革工程项目（项目号：KCJS201907）和四川大学引进人才科研启动经费项目（项目号：YJ201930）的阶段性成果。

② 习近平主持召开学校思想政治理论课教师座谈会并发表重要讲话［EB/OL］. http://politics.gmw.cn/2019-03/18/content_32653484.htm.

的。所谓"建设性",是指事物发展过程中的建构性和创造性。思政课改革创新的建设性,表现为思政课在改革创新中不断发现新问题,通过创造和更新,完善其传导主流意识形态的功能,更好地实现立德树人的教育教学目标。习近平总书记强调:"办好思想政治理论课,最根本的是要全面贯彻党的教育方针,解决好培养什么人、怎样培养人、为谁培养人这个根本问题""思想政治理论课是落实立德树人根本任务的关键课程""思政课作用不可替代,思政课教师队伍责任重大"。① 这一系列的论述高度肯定了思政课和思政课教师在传播主导意识形态和人才培养方面的重大作用。思政课改革创新的建设性,表现为通过改革创新,使思政课程在学生的心灵中播下真善美的种子,使其从小树立共产主义远大理想,树立"热爱中国共产党""热爱中华人民共和国""热爱社会主义"等价值理念,立志长大以后为建设中国特色社会主义、实现中华民族伟大复兴中国梦贡献力量。实际上,每个国家都特别注重培养"建设者"和"接班人"的问题,也必然会在学校的教育教学体系中开设相关课程,只是名称各异,比如美国的"公民"、日本的"道德"和"社会"、德国的"政治"等课程。列宁指出:"任何一个代表未来的政党的第一个任务,都是说服大多数人民相信其纲领和策略的正确。"② 因此,我们完全可以理直气壮地办好思政课。"我们办中国特色社会主义教育,就是要理直气壮开好思政课,用新时代中国特色社会主义思想铸魂育人,引导学生增强中国特色社会主义道路自信、理论自信、制度自信、文化自信,厚植爱国主义情怀,把爱国情、强国志、报国行自觉融入坚持和发展中国特色社会主义事业、建设社会主义现代化强国、实现中华民族伟大复兴的奋斗之中。"③

思想政治理论课改革创新具有批判性,这是由思政课的性质和功能决定

---

① 习近平主持召开学校思想政治理论课教师座谈会并发表重要讲话 [EB/OL]. http://politics.gmw.cn/2019-03/18/content_32653484.htm.

② 列宁选集(第3卷)[M]. 北京:人民出版社,1995:476.

③ 习近平主持召开学校思想政治理论课教师座谈会并发表重要讲话 [EB/OL]. http://politics.gmw.cn/2019-03/18/content_32653484.htm.

的。所谓"批判性"就是否定性，是对事物发展进程的反思和中断，目的
是为了在更高水平上开启新的实践。思想政治理论课改革创新的批判性表现
为对自身发展不足的自觉认知和对各种错误思想以及社会思潮的批判，引导
并营造风清气正的社会风气。马克思主义的革命性就在于其批判性。马克思
主义在创立之初就明确宣布：要对现存的一切进行无情的批判，其目标直指
资本主义社会。它本身就是在同形形色色错误的思想观念和社会思潮作斗争
的过程中向前发展的。没有批判性，马克思主义就会失去生命力。"马克思
主义必须在斗争中才能发展，不但过去是这样，现在是这样，将来也必然还
是这样。正确的东西总是在同错误的东西作斗争的过程中发展起来的。"①
批判性也是思想政治理论课改革创新的重要属性，通过对社会发展的细致甄
别和冷静反思，培养具有批判精神和批判能力的人，勇于同各种错误思想和
社会思潮作斗争。"对于思想阵地，无产阶级不去占领，资产阶级就必然要
去占领。"② 特别是在当今世界，社会主义和资本主义两种意识形态的较量
仍然十分激烈。中国特色社会主义虽然取得了巨大成功，但是从全世界来
看，资本主义仍然占据主导地位，而且资本主义对于社会主义的打压和
"围剿"丝毫没有放松。在此背景下，思想政治理论课作为学校意识形态建
设的主战场和主阵地，理所当然要发挥批判性和战斗性的功能。

　　坚持建设性与批判性相统一，是思政课改革创新的方法论需要。建设性
与批判性是对立统一的，正所谓"不破不立"。从哲学层面上讲，"立"与
"破"是矛盾的统一体，二者相辅相成，在一定条件下可以相互转化。一方
面，当教师通过思想政治理论课改革创新，灌输一定的科学知识、传导主流
意识形态的时候，"建设性"是矛盾的主要方面，其作用主要是"立"，以
便在学生的脑海里建立起相应的知识体系，建构并逐步形成教育者所期待的
思想观念体系和价值信仰体系（比如社会主义核心价值观等）；另一方面，

① 毛泽东文集（第7卷）［M］．北京：人民出版社，1999：230.
② 江泽民思想年编（1989—2008）［M］．北京：中央文献出版社，2010：4.

在此过程中，必然会遇到各种各样的困惑、疑虑乃至一些错误思想和社会思潮（比如西方所谓的"普世价值"、新自由主义、民主社会主义、历史虚无主义等错误思潮），干扰学生形成相应的知识体系和信仰体系。这时就需要与这些干扰因素进行斗争。此时，"批判性"就是矛盾的主要方面，其作用是"破"。除了要对来自外部的干扰因素进行斗争和批判以外，也要对来自内部的干扰因素进行斗争和批判，即对自己的那些不完善的、错误的或者曾经正确但随着形势发展已经过时的思想观念进行斗争和批判。没有对于错误的、过时的思想观念的"破"，就没有创新的、正确的思想观念的"立"。同样的情形是，有些过去曾经是错误或条件不成熟的思想观点，但在新的形势下呈现出合理性，这时候就需要加以采纳和吸收，即把曾经被"批判"的对象给重新"建设"起来。正是在这种"立"与"破"、建设与批判的矛盾互动中，思想政治理论课建构和形塑着青少年的价值观念体系。这是同一过程中的两个不同方面，不是两个过程。

二、坚持建设性与批判性相统一
需要澄清认识误区

在思想政治理论课改革创新过程中，存在一些认识上的误区，这些认识误区影响了思政课的教育教学效果，阻碍了思想政治理论课改革创新及其功能的发挥。在此，我们从建设性和批判性的角度，重点分析三种认识误区。

第一，"思政课是纯粹的意识形态灌输，反映的仅是执政党的利益诉求，没有批判性"。

在关于思想政治理论课的诘难中，持这种观点的占比很大。其背后的话语逻辑就是：思政课只是对现实"唱赞歌"，只有"意识形态性"，没有也不需要有"批判性"，因而没有科学性和学理性。这种观点看到了思想政治理论课的意识形态属性，即反映了执政党的利益诉求和价值理念。但是，这种观点存在双重谬误：一是否定了执政党传播主导意识形态的合理性；二是它混淆了不同社会制度条件下思政课的性质区别。

马克思、恩格斯指出："统治阶级的思想在每一个时代都是占统治地位的思想。"① 当无产阶级取得统治地位以后，必然要把自己的意识形态上升为国家的主导意识形态并向全社会传播。通过思想政治理论课来传输我们党的意识形态，这是巩固党的执政基础的必然要求。"我们党立志于中华民族千秋伟业，必须培养一代又一代拥护中国共产党领导和我国社会主义制度、立志为中国特色社会主义事业奋斗终身的有用人才。在这个根本问题上，必须旗帜鲜明、毫不含糊。"② "赢得青年，才能赢得未来"③，办好思政课，加强对青少年的思想政治教育，理所应当成为我们党完成好执政兴国历史使命的重要内容。在此过程中，弘扬"主旋律"，传递"正能量"，是营造积极向上社会风气的内在需要，也是培养青少年健康人格的必然要求。如果把这些都理解为"只会唱赞歌"，"没有批判性"，的确是对思想政治理论课的偏见。

这个观点还混淆了社会主义条件下的思政课程与资本主义条件下的思政课程的性质，把无产阶级思政课的意识形态性与科学性对立起来，把无产阶级政党的党性与人民性对立起来。列宁指出："任何意识形态都是受历史条件制约的，可是，任何科学的意识形态（例如不同于宗教的意识形态）都和客观真理、绝对自然相符合，这是无条件的。"④ 马克思主义是科学的意识形态，其内涵包括两个方面：一方面，马克思主义是为广大无产阶级服务的，其目标是要消灭私有制，实现人的自由解放，因而具有鲜明的意识形态性；另一方面，马克思主义正确揭示了自然、人类社会和人类自身发展的规律，因而具有科学性和真理性。如果说资产阶级及其以前的"思政课程"

---

① 马克思恩格斯选集（第1卷）［M］. 北京：人民出版社，2012：178.
② 习近平主持召开学校思想政治理论课教师座谈会并发表重要讲话［EB/OL］. http://politics.gmw.cn/2019-03/18/content_32653484.htm.
③ 江泽民文选（第1卷）［M］. 北京：人民出版社，2006：248.
④ 列宁选集（第2卷）［M］. 北京：人民出版社，2012：96.

反映的是剥削阶级的价值诉求（具有意识形态性），但不能正确揭示人类社会发展的规律因而不具有科学性的话，那么马克思主义则实现了意识形态性与科学性的统一。

第二，"思政课教师要想受到学生的欢迎，就必须'个性鲜明'，对现实批判越激烈，学生越喜欢"。

这种观点误读了批判性且忽略了建设性。毫无疑问，思想政治理论课需要批判性，正是在同各种错误的思想观念和社会思潮的批判斗争中，思政课才能引导学生树立正确的理想信念和价值观念。因此，无论是"个性鲜明"还是"批判性"，都是包括思政课教师在内的广大教育者应有的理论品格，这样的教师受到学生欢迎，也是理所应当的。但是在上述观点中，如果抽掉了背景和条件，一味强调"个性鲜明"和"批判性"，就可能走向片面和极端。这里有两个问题需要追问：一是如何看待思政课教师的"个性鲜明"及其对现实的批判性态度？二是思政课教师是否需要迎合学生对于"批判性"的偏好？

第一个问题，关于思政课教师"个性鲜明"和对现实的批判性态度。教师具有鲜明的特点是好事不是坏事，幽默、豪放、睿智等都属于个性鲜明的表现。但"个性鲜明"并不等同于"对现实越批判越好""越是批判学生越喜欢"。在日常教学中，这种情况不在少数。有的老师因此被学生冠以"良心教师"，意思是这样的教师是社会的"良心"。如果是通过针砭时弊，引导学生正确看待社会发展过程中的问题和不足，对一些丑恶现象进行批判，锤炼学生的辩证思维能力，这种做法值得肯定，也是思政课"批判性"的重要体现。但如果把"对社会越批判越好"作为衡量教师的标准，就容易导致极端化。特别是有些人打着"学术自由"的旗号，无视"课堂有纪律"的原则，在课堂上说话随意，发表与坚持"四项基本原则"和教师行为规范不相符的言论，本质上是对党的领导和对社会主义制度的否定。对于这样的"批判"则需要警惕和"反批判"。因此，批判性是有前提的，批判性与建设性是相统一的，思政课教师对于现实的态度并非"越批判越好"。

第二个问题，关于如何看待学生对"批判性"的偏好。这里涉及教师主导性与学生主体性的地位及其作用的发挥问题。一方面，学生是接受教育的主体，教师在教学中必须遵循教学规律，无论是教学内容还是教学形式，都要充分考虑学生的实际情况，尽量满足学生的要求；另一方面，教师在教育教学过程中发挥主导作用，对于教学内容的取舍、方向的把握以及对于教学方法的选择，都要与教育教学目标相符合。如果教师为了追求"受欢迎"而一味迎合学生的口味，就会把教学过程引向片面追求形式而虚化目标和内容。况且，理性的学生并不喜欢无原则的批判。国内目前有很多思潮，比如新自由主义、民主社会主义、历史虚无主义、后现代主义等，它们都是打着"批判"的旗号，评点各种社会问题，这种"批判性"思维对于那些涉世未深、世界观人生观价值观尚未成熟的青年学生来讲，很有诱惑力。但是究其实质，它们都是否定中国共产党的领导，否定中国特色社会主义道路，取消马克思主义在意识形态领域的指导地位。对于这些社会思潮，一定要保持高度的警觉，绝不能人云亦云。思政课教师不需要凭借"批判性"来迎合学生，而是要"用高尚的人格感染学生、赢得学生，用真理的力量感召学生，以深厚的理论功底赢得学生"①。

第三，"思政课只是一种道德说教，既没有建设性，也没有批判性"。

这一观点有一定的市场。显然，这种认识不仅歪曲了思政课的课程性质，也歪曲了思政课的作用和功能，由此容易导致看似相反实际上具有内在关联的两种错误观点，即思政课"无用论"和思政课"万金油论"。

思政课"无用论"者认为，思政课"没什么用"——既没有建设性，也没有批判性——指的是该课程在学生思想观念的形成和行为习惯的养成过程中没有发挥什么作用。如果仅是思想观念层面的表达，这一论点显然是站不住脚的，前面已经阐述了思政课的地位和作用，在此不必赘述；但是如果

① 习近平主持召开学校思想政治理论课教师座谈会并发表重要讲话［EB/OL］. http://politics.gmw.cn/2019-03/18/content_32653484.htm.

是实践层面的表达，这一观点就值得重视了，说明思政课的作用没有得到应有的发挥。比如，缺乏"建设性"，意味着思政课不能帮助学生释疑解惑从而建构起教育者所期待的知识体系和价值体系；没有"批判性"，意味着思政课没有有效应对社会思潮的冲击，缺乏"亮剑"精神。不仅如此，从"无用论"还派生出"无难度论"——既然思政课"没什么用"，讲起来也就"不需要难度"，这样的课程"谁都可以讲"。遗憾的是，现实生活中由于思政课专职教师缺乏，在吸纳兼职教师的时候降低了教师的门槛，也降低了课程的整体授课质量。部分教师因为授课任务重，没有足够时间从事理论研究，科研成果不突出，缺乏理论自信和学科自信。这些在客观上给了思政课"无用论""无难度论"者以口实。

思政课"万金油论"者认为，思政课是一种道德说教，凡是与思想道德相关的问题，甚至心理健康和违法犯罪问题，思政课都要"负责"，原因是大学开设有"思想道德修养与法律基础""心理健康"等相关课程。这是一种典型的把价值观问题知识化和工具化的错误认识，其结果是思政课"不能承受之重"——凡是有学生出现思想观念或心理上的问题，有人首先想到的就是思想政治理论课的考试分数是否"及格"了。富有传奇色彩的是，某著名高校领导在得知本校有学生在做出"弑母"的极端行为之后，第一个想到的就是查阅该生的"思想道德修养与法律基础"课程的考试成绩。这种把思政课"万能化"的认识和做法看似是对思政课的重视，实际上把思政课放在十分尴尬的境地。这样做既无法完成思政课的目标任务，也有损于思政课程的社会声誉。

三、坚持建设性与批判性相统一的路径选择

思想政治理论课改革创新要坚持建设性与批判性相统一，需要分别从"建设性""批判性"以及二者之间的有机统一着手，既需要从理论性和思想

性切入，提升思政课的理论高度、思想深度和视野广度，又需要从亲和力和针对性入手，增强思政课的批评准度、批判力度和批判温度。在此基础上，要把握好建设性和批判性的均衡性、常态性和有效性。

第一，增强改革创新的"建设性"，提升思政课的理论高度、思想深度和视野广度。

办好思政课的关键在教师。思政课的建设性取决于教师的人格力量、掌握真理和传播理论的能力。基于此，思政课的改革创新要加大对于思政课教师的培养培训力度，提升思政课的吸引力。一是提升思政课的理论高度。要加强马克思主义理论学科建设，强化马克思主义理论学科对于思政课的学科支撑，用马克思主义的立场、观点和方法引导学生科学认识现实世界，回应学生对现实问题的关切与困惑，以强大的理论力量说服学生，帮助学生逐步建立起认识世界和改造世界所需要的知识图式和价值观体系。二是提升思政课的思想深度。教育者要先受教育，提升自身的理论高度和思维深度，引导学生透过现象看本质，透过纷繁复杂的社会现象揭示其背后的逻辑，探寻和总结事物发展的特点规律，锤炼学生辩证思维能力，增强学生"抗干扰"能力。三是提升思政课的视野广度。一堂好的思政课往往能够开阔学生视野，拓展学生的知识结构。为此，需要以合作思维办好思政课，整合思政课与党、政、工、团等教育资源，形成优势互补；以协调思维办好思政课，处理好"思政课程"与"课程思政"的关系，创新课程形式；以开放思维办好思政课，学校、家庭、社会共同发力，打造开放课堂，引导学生走向社会，立足实践，心系天下。

第二，把准改革创新的"批判性"，增强思政课的批判准度、批判力度和批判温度。

把握好思政课改革创新的批判性，重点要把握三个方面：一是批判的准度。即"批判谁"或"批判什么"。批判的前提是弄清楚"谁是我们的朋友，谁是我们的敌人"。战士在战场上要区分"敌、我、友"，我们在面对思想观念和社会思潮时要区分"左、中、右"，了解和掌握不同社会思潮的理论来源、主要观点和价值立场，只有这样才能"团结真正的朋友，攻击真正的敌人"。二是批判的力度。思政课的批判力来自其理论的真理性和科学性。在思政课改革创新的过程中，既要善于发现问题，更要善于分析和解决问题。如果"蜻蜓点水"一带而过，就会流于形式，既达不到批判的目的，也不可能解决深层次的矛盾。因此，理论要彻底才能说服人，批判要彻底才能教育人。三是批判的温度。对于不同对象和不同性质的矛盾，批判的"温度"是不同的：对于"人民内部矛盾"，要采取"团结——批评——团结"的方式解决；对于"敌我矛盾"，则要采取"斗争"的方式解决。同样的道理，对于来自不同错误思想和社会思潮的批判，也要区分对象和动机：对于那些善意的动机，需要认真倾听和反思；对于那些恶意诋毁、中伤和污名化，则要予以坚决的回击。

第三，坚持"建设性"与"批判性"有机统一，把握好二者的均衡性、常态性和实效性。

建设性和批判性虽是矛盾的统一体，但也有主次之分。就思政课改革创新而言，既不是"无原则的批判"，也不是"为了批判而批判"，批判性是为了建设性。为此，一是把握好二者的均衡性，要"立""破"并举，不能"只立不破"或者"只破不立"。当前，思政课改革创新要重点聚焦于理想信念教育的常态化制度化问题，解决思政课理论阐释不充分、思政课教学地区发展不均衡、思政课程和课程思政不协调的矛盾。比如，在理论阐释中，要着重引导学生认识中国共产党执政规律、社会主义建设规律和人类社会发展规律，引导学生认识新时代中国特色社会主义面临的机遇和挑战，自觉把个人理想与国家和民族的前途命运结合起来，自觉同那些削弱、歪曲、否定党的领导和我国社会主义制度的言行作斗争。二是把握好二者的常态性。要把坚持建设性和批判性相统一，贯穿到思政课改革创新的全过程、全课程、全方位，推动改革创新的常态化、制度化和规范化。三是把握好实效性。"立德树人"是思政课的根本任务，也是思政课改革创新"建设性"与"批判性"共同的价值追求。基于此目标，坚持思政课改革创新建设性和批判性相统一，要提高教师的综合素养，充分了解学生的思想和心理状况，集中解决学生的思想问题，精准化解学生的心理阻碍。在教育教学中要破除一切阻碍这一目标实现的观念和制度障碍。在方式方法上，既要继承传统的优秀做法，又要大胆创新教学方法，在改革创新中实现"立"与"破"的方法论统一。

中国共产党开创中国式现代化新道路的历史经验及新时代价值①

——高校思想政治理论课程教学的新命题

薛一飞　王清霞

高校思想政治理论课——《中国近现代史纲要》课程教学始终是遵循革命范式，将重点锁定在向学生讲授中国共产党带领全国人民赢得民族独立与人民解放的历史过程及其历史价值上。而西方一直秉持现代化范式，立足于近代以来自身的现代化先发优势对中国近现代史进行解读，认为中国近现代历史就是融入追随西方现代化的过程。中国共产党经过历史的考验在带领全国人民完成民族独立与人民解放的历史任务之后，是效仿西方的现代化之路亦步亦趋，还是开创中国式现代化新道路就成为现实考验，就成为中国共产党执政面临的考验，也成为高校思想政治理论课程教学必须要回应的问题。而在庆祝中国共产党成立 100 周年大会上，习近平总书记提出"我们创造了中国式现代化新道路"之命题后，以上问题就有了明确的结论。然而，高校思想政治理论课程却仍然需要向学生释清中国共产党开创中国式现代化新道路历史经验及新时代价值，引导学生认识到中国共产党开创中国式

①　马克思主义学院学习贯彻习近平总书记在庆祝中国共产党成立一百周年大会上的讲话精神专项研究课题（教学教改项目）："中国共产党开创中国式现代化新道路的历史经验及新时代价值"（编号：MYQYJX202108）的结题成果。

现代化新道路的历史必然性，坚定大学生对中国式现代化新道路选择的自觉性。

一、开创中国式现代化新道路：中国共产党必然直面的历史命题

中国共产党是中国式现代化新道路的开创者，是将马克思主义基本原理同中国实际和时代特征结合的践行者。在历史环境和理论实践双重作用的推动下，开创中国式现代化新道路具有无可辩驳的历史必然性。

（一）开创中国式现代化新道路：中国共产党在革命进程中的应然之举

近代以来的中国，面临着革命与现代化的双重使命。阶级的局限性决定了农民阶级、地主阶级、民族资产阶级等掀起的太平天国起义、洋务运动、维新运动以及辛亥革命等，无法完成民族独立与人民解放的历史任务。而近代中国的民族独立与人民解放又是走向现代化的前提，因此，也就决定了以上各阶级更无法实现现代化的历史任务。只有在 1921 年中国共产党成立之后，中国革命才开始有了新的政党的领导和新的前途。作为无产阶级政党——中国共产党在成立之初就以马克思主义为指导，而马克思主义唯物史观本身就蕴含了超越于西方资本主义的现代化。因此，中国式现代化新道路的探索也就成为中国共产党完成民族独立与人民解放历史任务之后的新使命。同时，马克思主义理论本身的阶级属性就已经决定了中国共产党在探索现代化道路的进程中不仅要发展超越于资本主义的现代化生产力，还要有超越西方资本主义的现代化价值要素，二者相结合，构成中国式现代化新道路的内核。

（二）开创中国式现代化新道路：中国共产党在革命进程中的实然之措

中国共产党开创中国式现代化新道路并非一蹴而就，而是一个客观的历史进程。一是新民主主义革命时期，在中国共产党的坚强领导下，经过28年的浴血奋战，实现了民族独立、人民解放，为开创中国式现代化新道路创造了前提条件。二是在新中国成立和社会主义建设时期，中国人民"站起来"了，实行"一化三改"，建立社会主义基本制度，加快社会生产力的发展，推进社会主义建设，中国现代化建设始终朝着国家繁荣富强，人民共同富裕的方向前进，为实现中华民族伟大复兴夯实了良好的社会制度基础。三是改革开放和社会主义现代化建设新时期，中国人民"富起来"了，清楚认识到我国仍处于并将长期处于社会主义初级阶段的基本国情，发展社会主义市场经济，推进中国特色社会主义事业，增强综合国力，提高国际地位，这为开创中国式现代化新道路创造了生产力条件。四是中国特色社会主义进入新时代，中国共产党带领中国人民实现第一个百年奋斗目标——全面建成小康社会，并分阶段地为实现第二个百年奋斗目标而持续推进。

二、多维度协同推进：中国共产党开创中国式现代化新道路的历史经验

中国共产党探索中国式现代化新道路是在三个层次转变基础上的发展。梁启超在《五十年中国进化概论》中指出："近五十年来，中国人渐渐知道自己的不足了，第一期，先从器物上感觉不足，第二期，是从制度上感觉不足，第三期，便是从文化根本上感觉不足。"纵观近代以来，中国不同阶级和阶层的确为了改变落后、跟上西方现代化而经历过三个层次的转折：农民

阶级的代表洪秀全等封建农民幻想的平均主义大同世界；晚清封建统治者为了挽救封建王朝，掀起了"师夷长技以制夷"和"中体西用"的洋务运动；以康梁为代表的资本主义君主立宪派以及以孙中山为代表的资产阶级革命派则从制度上效仿西方，意在将中国导向资本主义道路，以实现西方式的现代化。然而，现代化并非仅是器物和制度的现代化，更是精神文化层次的现代化。所以，近代以来，中国不同阶级和阶层局限于器物和制度的现代化探索最终都以失败告终，且民族独立与人民解放的历史任务也没有完成。马克思主义传入中国，中国革命开始有了科学的指导思想——马克思主义，中国人民在中国共产党的领导下对于现代化的探索实现了精神文化层面的转变，开启了中国式现代化新道路的探索。

（一）在争取民族独立与人民解放的斗争中为实现现代化奠定坚实基础

中国近现代史研究中存在着革命范式与现代化范式的分歧。西方主要坚持现代化视角从而美化其殖民侵略。他们认为近代晚清，中国被西方打开国门是中国跟上世界现代化进程的契机，而且有意制造近代中国争取民族独立、人民解放与实现现代化之间的对立，甚至将中国各阶级阶层的争取民族独立的斗争视为反现代化的行动。这种观点的逻辑为：西方就是现代化的代表；近代以来西方对中国的殖民扩张是为了推进中国现代化的进程，反抗西方殖民侵略就是反现代化。效仿西方成为实现现代化的唯一途径，而要效仿西方自然对西方列强是要言听计从的，面对西方殖民入侵——这一"帮助"中国"现代化"的方式则要接受。其实，这一逻辑的前提，西方是现代化的代表，西方列强资本主义发展是实现现代化的唯一方式本身就是难以成立的前提，而其落后国家要以牺牲民族独立与人民解放为代价跟上西方现代化进程的结论更是毫无客观依据。以历史事实为基础，纵观历史，没有哪个国家的现代化不是以民族独立和人民解放为基础的。然而即使西方列强在确立资本主义制度之后，一定程度上和历史阶段内引领了世界现代化的进程，但是落后国家如果以牺牲民族独立和人民解放为代价意图跟上西方现代化，最后的结果只能是助长西方列强的扩张与利益掠夺，没有民族独立与人民解放的落后国家的建设成果只能为西方列强瓜分和独享，因此，争取民族独立与人民解放斗争是为实现现代化奠定坚实基础。当今中国则以自身现代化的实践再次证明着这一历史必然性。

（二）坚持中国共产党领导是开创中国式现代化新道路的关键

近代以来，地主阶级洋务派、资产阶级维新派、资产阶级革命派等不同阶级、阶层、政治集团都对国家出路进行了探索，但都以失败告终，这是由其政治属性决定了的必然结果。地主阶级洋务派引进西方现代化科技的根本目标是维系封建专制。资产阶级维新派、资产阶级革命派虽然主张资本主义制度，但本质上的少数人剥削和压迫多数人的剥削制度没有改变，历史的创造者——人民群众没有得到应有的主体认可。这也决定了，资产阶级维新派、资产阶级革命派无法超越西方资本主义现代化的局限，而只能亦步亦趋。因此，封建阶级洋务派、资产阶级维新派、资产阶级革命派的现代化探索，其结果都必然是被西方列强践踏的宿命。而中国共产党的指导思想——马克思主义决定了其政治先进性，进而决定了其必然能够探索出超越西方资本主义的现代化之路。马克思主义唯物史观正视人民群众历史创造者的主体地位，中国共产党始终坚持以维护人民的根本利益为一切工作的出发点和落脚点，始终坚持为中国人民谋幸福、为中华民族谋复兴的初心和使命，带领人民群众通过艰苦卓绝的革命斗争，实现了民族独立与人民解放，从而为探索中国式现代化新道路创造了前提条件。群众史观决定中国共产党领导下的现代化将是发展成果惠及最广大人民的现代化。新中国成立之后，中国共产党解放生产力，发展生产力，改善人民的生活水平，不断提高生活质量，始终坚持人民至上，维护人民的根本利益。中国用几十年的时间走完了西方发达国家上百年乃至几百年的现代化历程。而中国共产党领导的中国式现代化新道路的探索不仅实现了对西方资本主义现代化发展速度的超越，而且实现了对西方现代化的价值性超越。① 中国共产党领导的中国式现代化新道路不再是少数人通过剥削独占现代化成果的愈演愈烈，而是通往共同富裕并走向人的自由全面发展的康庄大道。

三、"中国共产党开创中国式现代化新道路" 在 高校思想政治理论课程教学中的价值

中华民族从积贫积弱走向伟大复兴离不开中国共产党的领导，离不开始终走中国式现代化新道路的正确选择。通过高校思想政治理论课程教学阐明中国式现代化新道路探索的必然性，对于坚定大学生对中国特色社会主义道路选择的自信，引导大学生投身于实现中华民族伟大复兴的现代化建设具有重要的现实意义。

（一）通过从历史—理论—实践的近现代史讲授，坚定学生对"四个选择" 历史必然的认同

通过中国近现代史的讲授，向学生阐明历史选择马克思主义、中国共产党的领导、社会主义道路和改革开放的必然性是《中国近现代史纲要》课程的主要教学目标。而在《中国近现代史纲要》课程教学中，现代化又是一个无法回避的焦点问题。在一定程度上而言，"四个选择"的必然性本身就蕴含了现代化命题，四个必然选择与现代化相互成就。马克思主义为现代

---

① 2010 年中国 GDP 总量超过日本已经位居世界第二，见 http://www.gov.cn/jrzg/2012-06/03/content_2152071.htm。

化提供了理论指导性，现代化则为马克思主义真理性提供了有力佐证；中国共产党的领导地位在现代化实践进程中得以确立，而现代化的实现也巩固了中国共产党执政地位的合法性；社会主义为现代化实现提供了制度保障，而现代化则昭示了社会主义制度的价值优越性；改革开放是中国式现代化道路探索中的关键一招，而中国式现代化新道路的探索则为改革开放的可持续推进提供了内生性动力。因此，可以说，《中国近现代史纲要》课程教学就是要通过从历史—理论—实践的近现代史讲授，坚定学生对"四个选择"历史必然性的认同，并且将"四个选择"历史必然性的认同统一于对现代化历史的回溯。检视《中国近现代史纲要》课程教学中的现代化命题，需要系统地、整体地正确看待历史，借鉴历史经验，总结历史规律，坚持马克思主义，结合国内外环境，面对世界百年未有之大变局，始终坚持中国共产党的领导，坚定不移地走中国式现代化新道路。

（二）有助于凝练高校思想政治理论课程体系，强化思想政治教育效果

人文社会科学研究注重论由史出。"中国共产党开创中国式现代化新道路"这一结论以历史事实为基础才能证明其科学性。因此，将这一命题置于高校思想政治理论课程体系中予以审视，《中国近现代史纲要》课程是首当其冲的史实基础所在。因此，以《中国近现代史纲要》课程为承载，是展开"中国共产党开创中国式现代化新道路"研究的立论起点。然而，对于这一命题的论证却并非仅仅局限于《中国近现代史纲要》课程。高校思想政治理论课程体系中的《马克思主义基本原理》可以结合中国近现代史实，从唯物史观的层面论证中国共产党开创的中国式现代化相较于西方资本主义现代化的生产力加速发展的比较优势。《毛泽东思想和中国特色社会主义理论体系概论》则能够从中国特色社会主义道路、理论、制度和文化的多维视角全方位论证"中国共产党开创中国式现代化新道路"的创新点所

在；在阐明"中国共产党开创中国式现代化新道路"之结论的同时坚定学生的"四个自信"；并以习近平新时代中国特色社会主义思想为指导向大学生昭示中国式现代化新道路未来的发展方向。在《思想道德与法治》教学中，通过引导学生认识到中国共产党开创中国式现代化新道路从本质上否定了西方资本主义制度下现代化实现过程对人的异化，内涵了对人的自由全面发展权利的尊重，中国式现代化新道路展现出了超越西方现代化的政治伦理价值优越性，从而引导大学生投身中国特色社会主义现代化建设中担当民族复兴大任。

基于热点问题导向的
"习近平新时代中国特色社会主义思想概论"
教学创新路径与方法研究[①]

肖孟夏

　　坚持守正创新，打造"习近平新时代中国特色社会主义思想概论"金课，是用习近平新时代中国特色社会主义思想铸魂育人的重要载体，是高校坚持社会主义办学方向，培养社会主义建设者和接班人的重要举措。本门课程旨在使大学生深刻理解习近平新时代中国特色社会主义思想的核心要义、精神实质、丰富内涵、实践要求，深刻认识这一思想的时代意义、理论意义、实践意义、世界意义，深刻把握其贯穿的马克思主义立场、观点、方法，增进政治认同、思想认同、情感认同。基于热点问题导向的教学设计与创新，能够有效将本门课程的难点，转变为教学实践中的亮点，从而实现教学目标。

一、"习近平新时代中国特色社会主义思想概论"
　　课教学面临的主要问题

　　基于热点问题导向推进"习近平新时代中国特色社会主义思想概论"

　　① 本文系四川大学新世纪高等教育教学改革工程（第九期）项目（SCU9096）研究成果。

课教学创新，可以有效解决本门课程的一些"痛点"问题。

一是学生对理论难以学懂悟透的问题。本门课程具有学理性与政治性、理论性与实践性、专业性与前沿性、历史性与时代性综合统一的特点，对教师的理论素养和教学能力，以及学生的逻辑思维能力、哲学思辨能力、理论理解和运用能力都提出了较大挑战。

二是学生对思想难以真学真用的问题。大学生还处在求学阶段，处于人格独立、思想独立、经济独立的准备阶段，尚未养成源于实践、运用于实践的问题意识和思维方法，对家国天下的主人翁意识和担当精神还有待进一步增强。

三是学生对教学内容兴趣不高的问题。本门课程所涉理论与"毛泽东思想概论"等其他思政课内容存在一定交叉，学生容易先入为主产生懈怠心理；既不以接受专业知识或技术为目的，也不以求职就业为导向，学生很难自觉把课堂内容和自身发展相联系，充分认识本门课程立德树人的重要作用，影响学习积极性和主动性。

四是学生在教学过程中参与不足的问题。教师为主学生为辅的教学理念和教学模式的影响根深蒂固，应试思想对学生的影响仍然巨大，学生更关心期末考试等与成绩直接相关的指标，学生缺乏参与课堂教学的自觉性和主动性，在日常教学中存在得过且过，为学而学的现象。

二、热点在"习近平新时代中国特色社会主义思想概论"课的应用价值

热点是指在一定时期和一定领域内，受到人们普遍关注并产生广泛而重大影响的问题、事件或理论。热点具有时代性、实践性、普遍性、关注性、动态性、开放性等特点，为本门课程将理论与现实相结合，由抽象转化为具体，由学习深入到实践，激发学生兴趣，提高课堂参与度，提升教学效果，

提供了结合点。

首先，热点具有时代性和实践性，有利于将抽象理论转化为鲜活、直观的教学素材。热点能够称其为热点，必定由特定的时代环境所产生，反映了当下社会生活中最具代表性的问题、特征和动向。正如2021年两会期间习近平总书记在看望参加全国政协会议的医药卫生界教育界委员时所指出的："思政课不仅应该在课堂上讲，也应该在社会生活中来讲"，"'大思政课'我们要善用之，一定要跟现实结合起来"。① 将课堂理论与热点相结合，能够帮助学生把握时代脉搏，切身体会习近平新时代中国特色社会主义思想的问题意识、现实逻辑和实践力量。

其次，热点具有普遍性和关注性，有利于将被动灌输转化为主动学习。热点之所以"热"起来，与大众的普遍关注密不可分，少部分人关注的理论、问题、事件很难形成热点。因此，热点往往关涉大多数人的利益或价值诉求，能够引起广泛的共情、共鸣和共识。将课堂理论与热点问题相结合，能够有效激发学生的理论学习兴趣，深刻理解习近平新时代中国特色社会主义思想与自身成长、成才的内在联系。

最后，热点具有动态性和开放性，有利于将理论学习能力转化为实践应用能力。热点是动态的、不断变化的，随着时间的推移和事件的发展，一方面，热点的核心内容和核心问题会发生转移；另一方面，人们对热点的认识程度和态度立场也会随之发生变化。因此，热点往往很难在短时间内简单地盖棺定论，而是有待不断地探究和研讨，并通过实践进行检验和推进。将课堂理论与热点问题相结合，能够培养学生的问题意识和探索精神，在实际运用中熟练掌握习近平新时代中国特色社会主义思想的理论方法和实践智慧。

---

① 党波涛：《在社会生活中讲好"大思政课"》，《人民日报》2021年4月14日第9版。

三、基于热点问题导向推进"习近平新时代中国特色社会主义思想概论"课教学创新的路径

热点问题导向，是以学生思想热点、社会舆论热点、理论学术热点为切入点，以问题的分析与研讨为逻辑线索，以方法习得为最终归宿的教学理念。基于热点问题导向推进"习近平新时代中国特色社会主义思想概论"课教学创新主要采取以下路径：

首先，以热点为切入点。热点又包括大学生思想热点、社会舆论热点、理论学术热点三个维度。

一是回应大学生思想热点。大学生思想热点是大学生对普遍关注事件所持观念的集中体现，能够充分体现大学生群体普遍的思想认识，反映社会思潮的聚焦热点和发展方向①。大学生思想热点是新时代中国特色社会主义思想精髓、新时代中国特色社会主义建设实际同大学生思想兴趣的交汇处。正如习近平总书记在全国高校思想政治工作会议上所指出的："思想政治工作从根本上说是做人的工作，必须围绕学生、关照学生、服务学生"②。学生思想热点直观反映了学生的思想诉求，是基于热点问题导向推进"习近平新时代中国特色社会主义思想概论"课教学创新的内在出发点。

二是关注社会舆论热点。社会舆论热点是引起广泛关注、讨论、思考与行动的相关社会问题或现象，对当下社会文化的变革、社会心理的变化起到昭示作用，甚至对后续社会政策的制定起到先发作用③。社会舆论热点往往是"习近平新时代中国特色社会主义思想概论"课堂知识的问题来源和实

---

① 参见徐曼：《当代大学生关注的思想热点问题探析》，《思想政治课研究》2017 年第 6 期。

② 《习近平谈治国理政》第二卷，外文出版社 2017 年版，第 377 页。

③ 参见孟祥栋、吴铭：《社会热点问题的新特征及其与高校思想政治教育的互动——基于〈新周刊〉年度关键词的考察》，《思想理论教育》2015 年第 1 期，第 101 页。

践归宿。正如习近平总书记在北京大学师生座谈会上的讲话中所指出的，青年"既要专攻博览，又要关心国家、关心人民、关心世界，学会担当社会责任"①。社会舆论热点为学生思考人生，认识社会，了解新时代中国特色社会主义建设实际提供了客观条件，是基于热点问题导向推进"习近平新时代中国特色社会主义思想概论"课教学创新的外在立足点。

三是聚焦理论学术热点。理论学术热点是受到社会大众密切关注、对社会生活有着广泛渗透、对社会群体价值判断或道德认知有着深刻影响的理论学术争鸣及因之形成的文化解析力量。② 能否科学分析与评价理论学术热点是"习近平新时代中国特色社会主义思想概论"课教学入脑入心成效的试金石。正如习近平总书记在中央政治局"三严三实"专题民主生活会上的讲话中指出的："理论上的成熟是政治上成熟的基础，政治上的坚定源于理论上的清醒。"③ 理论学术热点为学生形成系统化的世界观、人生观、价值观，坚定理想信念，明确政治方向，提供了升华空间，是基于热点问题导向推进"习近平新时代中国特色社会主义思想概论"课教学创新的精神支撑点。

其次，以问题导向为逻辑线索。针对热点时代性与实践性、普遍性与关注性、动态性与开放性的特征，要切实发挥学生思想热点、社会舆论热点、理论学术热点在兴趣激发、实践导向、理论升华等维度的教育作用，就需要在专题设计、内容选取、案例引用等教学全过程将问题导向作为贯穿始终的逻辑线索。

一是专题设置彰显问题意识。习近平新时代中国特色社会主义思想是进入"新时代"实现"新目标"解决"新矛盾"，从改革发展稳定、内政外

---

① 习近平：《青年要自觉践行社会主义核心价值观——在北京大学师生座谈会上的讲话》，《人民日报》2014年5月5日第2版。

② 参见王建光：《做好思政课教学对学术热点的引入与评价》，《中国高等教育》2012年第18期，第29页。

③ 中共中央文献研究室编：《习近平关于全面从严治党论述摘编》，中央文献出版社2016年版，第67页。

交国防、治党治国治军等方面，对新时代坚持和发展什么样的中国特色社会主义、怎样坚持和发展中国特色社会主义这个重大时代课题作出了创造性的回答。在"习近平新时代中国特色社会主义思想概论"课教学专题设置时，一方面，课程整体框架要以问题为线索，厘清习近平新时代中国特色社会主义思想体系的内在理路；另一方面，各专题设计要突出问题意识，有针对性地呼应理论热点和社会热点，展现习近平新时代中国特色社会主义思想的时代性和现实性。

二是内容选取体现问题导向。习近平新时代中国特色社会主义思想体系博大精深，具体到每一领域都涉及多方面、多层次、多维度内容。要在有限的课时里，将"习近平新时代中国特色社会主义思想概论"课讲深、讲透、讲活，就需要以问题为导向对每一专题所涉理论内容进行详略取舍和逻辑再现。一方面，要选取与当下学生思想热点、社会舆论热点、理论学术热点相关的理论内容作为课堂学习的重点充分拓展详细讲解；另一方面，在讲解的过程中要以问题为导向，梳理问题的历史背景、产生原因、已采取的措施、仍存在的问题、下一步的解决方案等，从而构成环环相扣、层层深入、清晰完整的逻辑链条，展现习近平新时代中国特色社会主义思想的真理力量。

三是案例引用突出研讨价值。"习近平新时代中国特色社会主义思想是在我国建设和发展的实践过程中反复锤炼而成，它并非从理论到理论的逻辑推演，而是从理论到实践，再从实践回到理论，循环往复，不断彰显实践智慧的伟大精神成果。"① 其理论具有普遍必然性和严密性，而其涵摄的实践具有具体性、个别性和开放性。在"习近平新时代中国特色社会主义思想概论"课教学中，一方面，要以热点案例为中介，建立起普遍理论与当下具体实践之间的联系；另一方面，要以案例研讨为纽带，建立起外在现象与学生内化思考，课堂教学与学生实践之间的现实关联。

---

① 许静波：《习近平新时代中国特色社会主义思想中的实践智慧》，《奋斗》2018 年第 23 期，第 40 页。

最后，以方法获得为最终归宿。方法又包括马克思主义思想方法和工作方法，中国共产党的基本思想方法、工作方法和领导方法，学生学习方法与实践方法等方面。

一是引导学生掌握马克思主义思想方法和工作方法。习近平总书记指出："马克思主义哲学深刻揭示了客观世界特别是人类社会发展一般规律，在当今时代依然有着强大生命力，依然是指导我们共产党人前进的强大思想武器。"① "习近平新时代中国特色社会主义思想概论"课教学，一方面要通过热点研析，引导学生掌握和运用历史唯物主义，全面把握整个社会的基本面貌和发展方向，掌握物质生产是社会生活的基础，掌握人民是历史创造者的观点；另一方面也要通过问题研讨，引导学生掌握和运用辩证唯物主义，正确认识客观实际，强化问题意识，重视实践方法，增强辩证思维能力。

二是帮助学生领会中国共产党的基本思想方法和工作方法。习近平总书记指出："实事求是，是马克思主义的根本观点，是中国共产党人认识世界、改造世界的根本要求，是我们党的基本思想方法、工作方法、领导方法。不论过去、现在和将来，我们都要坚持一切从实际出发，理论联系实际，在实践中检验真理和发展真理。"② "习近平新时代中国特色社会主义思想概论"课教学，一方面要通过热点追踪，将课堂所授理论要点与大学生思想实际、社会生活实际紧密联系，另一方面要通过问题研讨，引导学生自觉将课堂理论运用于理解世界、融入社会和规划人生。

三是启发学生习得自主探究的学习方法和实践方法。基于热点问题导向的"习近平新时代中国特色社会主义思想概论"课教学，要充分发掘学生在问题、信息、理论、实践等几大维度和追踪、收集、研讨、运用几大环节的主观能动性，综合运用现代化教学理念、教学手段和教学方法，全面锻炼

---

① 《推动全党学习和掌握历史唯物主义　更好认识规律更加能动地推进工作》，《人民日报》2013 年 12 月 5 日第 1 版。

② 习近平：《在纪念毛泽东同志诞辰 120 周年座谈会上的讲话》，《人民日报》2013 年 12 月 27 日第 2 版。

学生发现问题、分析问题、解决问题的能力，从而引导学生转变被动学习、为学而学的应试思维，真正做到学有所得、学有所用、学有所成。

四、基于热点问题导向推进"习近平新时代中国 特色社会主义思想概论"课教学创新的方法

基于热点问题导向推进"习近平新时代中国特色社会主义思想概论"课教学创新，还需要通过一系列教学实践方法加以落实。

首先，要在教学全过程充分掌握学生的思想动态。学生的思想塑造是基于热点问题导向推进"习近平新时代中国特色社会主义思想概论"的出发点和落脚点，只有准确掌握学情，了解学生需求，找准学生思想热点、社会舆论热点、理论舆论热点的交叉点，才能合理设计教学内容，提高教学创新的针对性和效果。一是学期之初，要对学情进行广泛调研，了解学生对过去思政课相关内容的掌握情况，摸清学生的理论困惑和理论兴趣，作为选取课程重点难点和设计热点问题的重要参考。二是学期之中，要对学生的学习情况和学习效果进行调查，了解学生对具体教学内容、教学方法、教学形式的评价，摸清学生在热点问题导向式学习过程中存在的困难和问题，及时对教学难度、教学进度、教学风格等进行相应的调整。三是学期末要通过学生考试情况和学生评教情况，对本学期热点问题导向式专题教学的整体情况进行综合评估，分析此种教学模式的利弊得失及产生原因，为本门课程下一轮开设和进一步优化教学提供借鉴。

其次，要在教学各环节积极引导学生参与热点问题研讨。学生的自主参与是基于热点问题导向推进"习近平新时代中国特色社会主义思想概论"课教学的主线，只有给学生充分的准备时间、实践空间、研讨机会，才能真正使问题导向成为学生自主学习的良好契机，使学生思想热点、社会舆论热点、理论舆论热点在课堂上碰撞出智慧的火花。一是课前开展"锐评5分

钟"等教学实践活动。学生以组为单位，围绕重大时政主题，选定时事热点，以"大主题，小切口"的方式写作评论文章，并推荐小组优秀锐评参加班级展示，推选班级优秀锐评参加全校决赛，并进行网络推送，从而实现理论与热点、课内与课外、网上与网下相结合，提高学生的课堂参与度和学习积极性。二是课中采取"大班授课，小班讨论"等多种研讨形式，教师通过适度的引导和启发，尽可能地鼓励学生多思考、多讨论、多发言，将学生自主分析和解决问题作为推进课堂内容的主要手段。三是课后与团委、学工等部门的社会实践活动结合起来，鼓励学生以热点为关注点，以问题为导向，将课上所学理论和方法运用于课下实践，掌握分析问题解决问题的基本立场、普遍原理和一般规律。

最后，要在教学组织管理各方面为热点问题导向的教学创新服务。多元多层次而又井然有序的教学组织形式是基于热点问题导向推进"习近平新时代中国特色社会主义思想概论"课教学的必要保障，只有协调好学生自主、助教组织与教师管理之间的秩序，处理好自主学习与考核指向的关系，才能使热点问题导向的教学创新效果最大限度地发挥出来。一是热点问题导向的教学创新需要采取专题授课的教学模式，要协调好班级负责教师、专题主讲教师、班级助教之间的关系，加强课程整体设计、专题前后沟通、课堂环节组织，实现课程框架清晰、专题热点突出、课堂环节顺畅。二是热点问题导向的教学创新需要采取小组研讨的教学形式，要协调好学生学习小组、班级助教、任课教师之间的关系，充分发挥学生学习小组自我组织、自我管理和自我评价的能力，积极发挥班级助教的沟通协调作用，加强任课教师对学生的引导监督，从而将热点问题探究落到实处。三是热点问题导向的教学创新需要采取过程化考核与非标准答案考试的考核方式，一方面将热点锐评、热点研讨、热点实践等热点问题探究的情况计入平时成绩，并提高平时成绩在总成绩中的比重，从而激励学生积极参与热点问题的分析与讨论，另一方面将热点问题解析作为非标准答案考试的重要内容，从而引导学生养成关注热点、问题导向、实践归旨的学习习惯和思想品格。

新时代高校思想政治理论课
"八个相统一"规律研究论纲

陈加飞

思想政治理论课（本文以下简称"思政课"）是落实学校立德树人根本任务的关键课程。在 2019 年 3 月 18 日学校思想政治理论课教师座谈会上，习近平总书记把思政课称为"关键课程"和"不可替代"的课程，这是对思政课的精准定位。针对新时代学校推动思政课改革创新，增强思政课的思想性、理论性和亲和力、针对性，习近平总书记提出并概括归纳了学校思政课坚持"八个相统一"① 的重要论述和规律遵循。"八个相统一"的重要论述，既是学校思政课教育教学实践中存在的现实问题和突出矛盾的理论揭示，也是破解思政课教育教学中瓶颈挑战的对策措施，它揭示了新时代学校思政课改革创新的规律遵循，是新时代中国共产党人马克思主义世界观和方法论相结合、哲学思维方式和教育实践相结合和创造性运用的典范。习近平总书记提出"八个相统一"重要论述后，教育部以"三巡六创优"为抓手，全力办好新时代学校思政课，坚持和落实用习近平新时代中国特色社会主义

---

① "八个相统一"是习近平总书记对思政课建设的改革创新方法论，深刻总结了思政课建设长期以来形成的规律性认识和成功经验，构成一个紧密联系、有机统一的整体。主要内容：政治性和学理性相统一；价值性和知识性相统一；建设性和批判性相统一；理论性和实践性相统一；统一性和多样性相统一；主导性和主体性相统一；灌输性和启发性相统一；显性教育和隐性教育相统一。

思想铸魂育人，深化对习近平总书记重要讲话精神特别是"八个相统一"的理论解读①。目前，学术界和理论界对思政课坚持和实现"八个相统一"研究还处于起步阶段，针对新时代高校思政课教育教学中存在的突出矛盾，吸取和借鉴已有的研究成果和经验，从"知信行""学思用"并重的整体性视域和认知框架出发，聚焦习近平总书记关于高校思政课"八个相统一"重要论述的逻辑体系和方法途径研究，有重要的理论和实际应用价值。

一、掌握思想政治理论课研究的整体性动态

顾海良（2017）、张雷声（2018）、陈占安（2018）、刘建军（2018，2019）、陈锡喜（2019）、骆郁廷（2018）、黄蓉生（2018）、沈壮海（2019）、冯刚（2018，2019）等从思政课建设的成就经验、存在问题、风险挑战、改革创新、教学模式及方法、教学队伍建设、教学质量评价以及学科交叉视域下的高校思政课教学等多个维度作了总体性探讨，深化了对高校思政课教学基本问题的理论认识，为继续深化和创新高校思政课教学改革提供了思想智慧和方法指引，也为马克思主义理论学科视域中的教学研究开拓了新的学术境界。

综观思政课已有研究，问题意识比较强烈，站在维护国家意识形态和社会主义办学方向的高度，呈现出满足学生成长需要和期待的相关研究。运用新媒体新技术相关研究，使差异化教学研究更加突出，规律性研究更加突出，为深化新时代思政课教学研究奠定了基础。就思政课的总体研究趋势而言，下一步的深化研究，有望以"八个相统一"为问题聚焦展开对思政课教学主客体的互动，理论体系、教材体系、教学体系、话语体系和学生认知

---

① 陈宝生：《用习近平新时代中国特色社会主义思想铸魂育人》，《人民日报》2019 年 4 月 23 日第 9 版。

和信仰体系等"五大体系"的建构和转化，教师职业能力建设，整体建构思政课教学质量评价体系，促进思政课课程设置内在规律和逻辑建构等多维度的整体性研究。

二、聚焦思想政治理论课的规律认识

"八个相统一"作为新时代高校思政课改革创新的规律遵循，它不是凭空产生的，既不是主观臆断和逻辑思辨的产物，也不是单纯教育教学理念的"顶层设计"，而是建立在长期思政课教学实践和教学研究的基础之上的。从唯物史观理论视域的更深层次看，"八个相统一"作为观念形态的上层建筑在教育领域中的反映，它与中国特色社会主义新时代发展阶段相一致，也是对以往教育教学理念和实践经验的总结和深化。因此，"八个相统一"作为思政课的规律认识，"必须首先从已有的思想材料出发，虽然它的根子深深扎在物质的经济的事实中"，从梳理高校思政课规律认识的研究成果中汲取灵感和智慧，是从整体性维度展开"八个相统一"规律认知的基础性理论工作。通过研究梳理发现，已有教学研究对思政课规律的揭示形成了"三规律""特殊规律""五个统一规律""'变'与'不变'规律""重要遵循"等五类论断。

（一）"三规律"说

刘建军（2017）认为高校思政课具有三大属性和三个规律，即具有政治属性，遵循政治运作规律；具有科学属性，遵循学术研究规律；具有教育属性，遵循教育教学规律。这三个规律集中于思政课本身，存在于它的运行过程中，体现在它的效能作用中，表现在它的建设要求中。思政课建设必须要辩证把握和妥善处理这三个基本规律的关系，形成综合的思维方法和工作体系①。宇文利（2017）指出思政课教学的科学规律在本质上是社会科学与政治哲学相融合的育人规律，包括传授知识与传递价值统一的渗透规律、认识反复、思想提升和价值观念的转化规律以及博采众长、因时而化、稳中求进的协同规律。并指出"运用好思政课教学的科学规律需要坚持教书与育人相统一、立德树人、育人为本，坚持在价值目标指引下尊重学生成长的过程和现实，坚持从思想政治工作全局出发抓好思政课教学"②。徐成芳（2017）指出："对社会主义大学性质的确认和自信，是遵循社会主义大学思政课教学规律的立论基础和价值观前提。社会主义在根本性质上高于资本主义，从而决定了社会主义大学在根本性质上高于资本主义大学，文明对此必须要有清醒的自觉和高度的自信。"进而总结指出思政课教学需要自觉遵循教学的根本规律、基本规律和具体规律。社会主义大学思政课教学的根本规律，就是综合运用教学手段建构大学生正确的思想信仰、政治立场和理论观点；社会主义大学思政课教学的基本规律，就是围绕根本规律综合运用一般规律正确处理教学基本要素关系的一套规矩；社会主义大学思政课教学的具体规律，就是把根本规律和基本规律具体化的立德树人系列路径。③

（二）"特殊规律"说

佘双好（2018）认为"思政课教学是一种特殊的教学活动，它既要遵循教学活动一般规律，也要遵循思想政治教育特殊规律"，并探讨和总结了思政课教学的特殊规律，即遵循科学性与意识形态性相统一、教学与教育相结合、主导性和多样性相结合、主导性与主体性相结合、显性教育与隐性教

---

① 刘建军：《全面把握思政课建设的基本规律》，《思想教育研究》2017 年第 4 期。

② 宇文利：《努力掌握并用好思政课教学的科学规律》，《思想理论教育导刊》2017 年第9 期。

③ 徐成芳：《社会主义大学思政课教学规律问题研究》，《思想政治教育导刊》2017 年第9 期。

育相一致、"知""行"辩证统一①。

（三）"五个统一规律"说

侯衍社（2017）提出高校思政课要注重突出"五个统一"，即坚持以人为本，注重理性分析和人文关怀有机统一；突出学生主体性，采用启发式互动式教学，注重教授主导作用和学生主体作用有机统一；突出问题导向，采用研究式专题式教学，注重理论和实际有机统一；突出思维训练和能力培养，采用比较式教学，注重知识传授和能力培养有机统一；突出时代性，采用新媒体新技术教学，注重各种有效的教学方法有机统一②。

（四）"'变'与'不变'规律"说

张艳红（2017）在梳理思政课教学方法变革的发展历程中，总结提出高校思政课"变"中"不变"的规律性："思政课教学方法改革必须以满足国家人才培养需要为根本目标"，"必须服务于以政策为导向的教学内容的不断完善和发展"，"改革的成效决定于教师专业化的发展"，"改革要适应教育对象需求从单一教学方法走向具有现代性的多种教学方法"。③

（五）"重要遵循"说

习近平总书记在学校思想政治理论课教师座谈会上发表的重要讲话中对

---

① 佘双好：《提升思政课教学质量的规律探讨》，《中国高校社会科学》2018 年第 2 期。

② 侯衍社：《因时而变 遵循规律 改革创新——高校思政课教学方法创新的若干思考》，《思想理论教育导刊》2017 年第 9 期。

③ 张艳红：《思政课教学方法变革的发展历程及规律探析》，《思想理论教育导刊》2017 年第 3 期。

新时代思政课教师提出了殷切期望："要用真理的力量感召学生、以深厚的理论功底赢得学生、用高尚的人格感染学生。"张雷声（2019）认为，"用真理的力量感召学生、以深厚的理论功底赢得学生、用高尚的人格感染学生，是新时代思政课教学的重要遵循"。首先，"思政课教师用真理的力量感召学生，自己必先深刻感悟和把握真理的力量，让马克思主义理论在大学生中'画出最大的同心圆'"。其次，"思政课具有很高的'学术含金量'，思政课教师要以深厚的理论功底赢得学生，必须拓展教学思路、猎新教学内容"。最后，"思政课教师只要坚持高尚的人格追求、把握人格的内在要素构成、重视自身人格的塑造，就能够用高尚的人格感染学生"。①

关于高校思政课规律和遵循的相关研究，一定程度上为习近平总书记在"3·18"教师座谈会上提出思政课坚持和实现"八个相统一"规律遵循的重要论述作了学理探讨和理论准备，体现了党的思想理论创新与理论工作者理论探索之间的良性互动，是马克思主义中国化发展规律的历史具体化，为进一步深化对思政课"八个相统一"规律的认识和研究提供了多样化视角、多重研究视域和方法论启迪。

三、作为思想政治理论课规律的"八个相统一"

自习近平总书记关于思政课坚持和实现"八个相统一"规律遵循的重要论述提出之后，理论界和学术界围绕"八个相统一"重要论述作出了一系列理论探讨。林泰（2019）、陈锡喜（2019）、艾四林（2019）、肖贵清

---

① 张雷声：《新时代思政课教学的重要遵循》，《马克思主义理论学科研究》2019 年第 2 期。

（2019）、冯刚（2019）、陈金龙（2019）、卢黎歌（2019）、吴家华（2019）基于"八个相统一"指向和反映出的思政课实际中的现实问题，聚焦于丰富内涵的理论阐释，归纳起来形成了以下四个层面的认识。

一是"守正创新主线论"。"八个相统一"贯穿一条主线，这就是守正创新。在"八个相统一"重要论述中，第一个论述"坚持学理性和政治性相统一"是贯穿整个"八个相统一"论述的主线，其余"七个相统一"一定程度上是"学理性和政治性相统一"这一论述的具体体现和展开，并聚焦"学理性和政治性相统一"的理论认识。

二是"问题和矛盾论"。习近平总书记关于学校思政课坚持和实现"八个相统一"重要论述，它之所以对思政课的改革创新具有普遍性的指导意义，这是因为它不是一般地针对某一方面和局部问题的理论论述和策略应对，而是带有规律性的理论概括和思想提升，是上升到马克思主义理论高度的理论创造。"八个相统一"具有丰富的思想内涵，首先指向的就是学校思政课建设实际中存在的现实问题和突出矛盾。

三是"四个规律论"。"八个相统一"是对思政课建设长期以来形成的成功经验的系统总结，进一步深化了对思政课教育教学规律、思想政治工作规律、教书育人规律、学生成长规律等一系列规律的认识。

四是"哲学方法论"。"八个相统一"重要论述，体现的是对唯物辩证法的科学运用，是辩证唯物主义和历史唯物主义在课程教学中的逻辑反映和理论自觉，它直面思政课的八大矛盾和问题，运用矛盾分析方法深刻阐述矛盾双方相辅相成的关系、主要与次要的关系、一般与个别的关系、普遍与特殊的关系，体现了新时代中国共产党人对马克思主义哲学在教育教学领域中的创造性运用。

对思政课"八个相统一"重要论述的四个层面的认识和思考为进一步深化"八个相统一"的研究提供了丰富的素材和理论思考，但是必须看到，已有研究更多的是停留在"知"的层面，下一步亟待从"信"打通从"知"到"行"、从"思"打通从"学"到"用"的逻辑通道和实践路径，实现"知信行""学思用"三个层面的有机互动和合一，进而为思政课实现"八个相统一"探寻科学可行的思路和方法。

四、深化思想政治理论课"八个相统一"规律的理论认识

思政课是辩证唯物主义和历史唯物主义在课程教学中的逻辑展开。习近平总书记提出的思政课的"八个相统一"，是对思政课改革创新的规律性总结，是辩证唯物主义和历史唯物主义与思想政治理论教育教学历史和实践相结合的理论成果，丰富了习近平新时代中国特色社会主义思想的教育意蕴，为新时代高校教师上好思政课提供了理论遵循。深化思政课"八个相统一"的学理解读，并把这种理论认识同教育教学实践相结合，有利于深化对思政课的规律认识。

（一）拓展"八个相统一"规律认识的多重视域

已有研究给思政课坚持"八个相统一"课题的研究提供了理论借鉴和丰富素材，奠定了研究基础，形成了很多真知灼见。但总体来看，已有研究也存在诸多不足之处。

第一，缺乏"整体性"研究视角。已有研究多从"八个相统一"中选取其中一个相统一进行阐释，更多的是偏向于规律本身的叙述，为高校思政课建设提供了丰富的素材，积累了宝贵的研究经验。但总体来看，对思政课坚持和实现"八个相统一"的研究还处于起步阶段，研究的空间还比较大，尤其是亟待从整体性视域上开展和加强思政课"八个相统一"的理论和实践的系统研究，从而深化"知"的学理认识。

第二，内容阐释和研究学科比较单一。已有研究惯于将"八个相统一"

拆分,对"每一个具体的统一"作单向度阐释,研究视域上更多倾向于思想政治理论教育,学科视野比较单一,亟待把"八个相统一"纳入马克思主义理论学科整体视野中,尤其是要打通马克思主义基本原理、马克思主义发展史、马克思主义中国化、思想政治理论教育和党的建设等四个二级学科,突出以马克思主义理论学科为基础,结合教育学、哲学、社会学、心理学等跨学科的交叉研究。

第三,关注和研究更多停留于感性层面。由于学校思政课坚持和实现"八个相统一"的规律性概括刚提出不久,已有的关注和研究更多地停留在"八个相统一"的词句和提法的感性层面,深度的理性思考需要一个不断认识和深化的理论和实践探索过程,这就使思政课教师在贯彻和落实"八个相统一"的思路方法和具体实践操作层面上落地不够。让信仰者讲信仰,让明道者和信道者传道。马克思主义作为一种信仰,它不同于宗教意义上的信仰,它是建立在以唯物史观和剩余价值理论"两大发现"为基石,在人类社会发展规律科学理论基础上对人的自由全面发展和人的解放的价值认同和崇高理想追求。所以,它不是空想,是对人类历史发展规律和趋势的把握,是一种关于人的主观能动性与社会发展客观规律相统一的辩证理性和实践理性。

马克思主义由"知"到"行"、由"学"到"用"的关键环节是"信"和"思",前提是"知"和"学",归宿是"行"和"用"。要把学习、思考与应用相贯通,知识、信仰、行动相统一,筑牢入脑入心入行的推进战略。探寻思政课"八个相统一"思路方法的关键就在于打通"知信行""学思用""入脑入心入行"三者之间的通道,这既是马克思主义的理论要求,也是社会发展规律的现实要求,它符合教育教学规律,是思政课改革创新的规律要求。因而从全课程、全过程、立体式的多重逻辑和视域中,深化思政课坚持和实现"八个相统一"重要论述的逻辑体系和方法途径研究是一个可行的途径。

（二）阐释"八个相统一"规律认识的价值意蕴

从学术价值上审视。第一，从"知信行""学思用""入脑入心入行"三重视域中整体地探讨和深化思政课改革创新，坚持和实现"八个相统一"的逻辑体系和方法途径的研究，有益于拓展和深化习近平总书记关于思政课"八个相统一"重要论述研究的视域和内容，也有利于深化新时代马克思主义中国化和习近平新时代中国特色社会主义思想的学理研究。第二，把思政课坚持和实现"八个相统一"重要论述作为一个理论问题深入研究，有利于揭示习近平新时代中国特色社会主义思想的思政课建设意蕴，丰富和提升中国化马克思主义思想理论教育的内容和价值，深化习近平总书记关于教育论述的研究，也有利于拓展习近平新时代中国特色社会主义思想理论体系的研究。第三，以思政课"八个相统一"论述为"麻雀解剖"对象，为新时代意识形态工作、思想政治教育、教育思想的理论创新、思想政治理论课改革创新、社会主义核心价值观的大众化等提供方法论启示和理论启迪。第四，从"知信行""学思用""入脑入心入行"三重维度提升高校思政课教师坚持和实现"八个相统一"重要论述规律遵循的教学能力，为高校思政课实现"八个相统一"探索和总结思路方法。

从应用价值上来说。第一，为创新思政课教学"八个相统一"落地总结经验，为提升思政课教师教学能力提供思路方法。第二，为新时代高校思政课教材体系"二次开发"并实现向教学体系和学生认知及信仰体系的转换提供方法论指导，为实现思政课教育教学改革创新提供政策建议。第三，为提升思政课教师对马克思主义"真学真懂真信真用"总结经验和方法，理直气壮开好思政课。第四，从整体性视域出发，利用跨学科、综合学科优势，为思政课教学推广模式和试点提供有益探索。第五，探索和总结思政课如何用习近平新时代中国特色社会主义思想铸魂育人、落地生根、指导工作解决学生思想困惑和人生奋斗的育人模式。

（三）突出"八个相统一"规律内蕴的问题意识

问题是时代的声音。"八个相统一"内蕴问题意识，是观察和分析思政课存在问题的理论视角。所以，深化"八个相统一"重要论述的理论认识，有必要梳理和总结提炼新时代高校思政课坚持"八个相统一"问题意识的现实表征、历史经验和实践依据。其一，探讨高校思政课建设在"八个相统一"上存在的问题，探寻这些问题存在的表现形式和生成机理。比如，在经济社会结构的深刻变化背景下，导致的利益、价值多元化以及观念上层建筑的松动；世界百年未有大变局背景下，西方意识形态对社会主义的思想渗透，西方文明被抽象为一种"普世价值"对民族国家实施文化殖民工程；多元化社会思潮交织蔓延，新自由主义、历史虚无主义、民主社会主义、"告别革命论"、复古主义、儒化和西化共产党，以及诸如修昔底德陷阱、拉美陷阱、中等收入陷阱等各种思潮和"陷阱"对马克思主义意识形态的挑战；重大自然灾害和疾病疫情带来的泛政治化和去政治化倾向严重干扰党的创新理论的价值引领；马克思主义的学理性缺位，马克思主义的革命性、政治性和学理性疏离；资本、技术和抽象教条的联盟和新形态衍生对人的本质力量发挥的削弱和生活的剥夺；泛政治化和泛意识形态化一定程度上也消减了思政课改革创新的动力，政治性赋予思政课改革创新以生命之魂被泛政治化和泛意识形态化所异化。诸如此类，一系列严峻挑战都需要以强烈的问题意识，不断贯注于思想政治理论课教学的改革创造意识和行动之中，在发现、研究和解决"问题"中实现思政课教学的实效性和时效性。

其二，以学校思政课为视角切入，梳理中国共产党坚守和捍卫马克思主义意识形态指导地位的实践经验；总结新中国成立 70 多年来思政课建设的实践经验；总结百年来中国共产党的思想政治教育工作经验；突出党的十八大以来马克思主义在意识形态领域中的建设成就和建设经验。比如，坚持教师主导性与学生主体性相统一，贯彻以立德树人为目标的教育工作；加强共产主义理想信念教育；加强马克思主义立场观点方法和基本原理结合现实和时代分析问题的教育和能力培养；用社会主义核心价值体系引领多样化社会思潮；发扬马克思主义的批判和斗争精神，反对历史虚无主义、民主社会主义、告别革命论、复古主义、西化思维等多种社会思潮占领学生头脑；坚持和加强党委对思政课建设的领导和引导；着力解决基层党建事业与科研和教学业务两张皮的现象；等等。

其三，从中国民族伟大复兴进程处于"站起来""富起来"基础上走向并实现"强起来"的新时代这一关键时期；从世界正处于"百年未有之大变局"的时代背景；从开展具有许多新的历史特点的伟大斗争的现实挑战；从维护国家意识形态安全的战略高度；立足新时代我国社会主要矛盾转化为"人民对美好生活的需要"；从思政课肩负着将精神转化为物质与将物质转化为精神的双向转化的重要价值功能；从贯彻和落实教育立德树人和德智体美劳合格的社会主义建设者和接班人的根本目标；从具体鲜活的学生个体的感性生活提炼人生的理性哲学和建构生命的意义，世界的微观视域等多个维度探讨和建构认识"八个相统一"的实践依据，有利于站在一个更高的高度和视野审视思政课作为"关键课程"的意义和"不可替代"的作用。

（四）建构"八个相统一"规律认识的逻辑基础

从"知"的层面对"八个相统一"进行系统性的理论研究，深化思政课建设中"八个相统一"实践落地的学理认识。

一方面，强化学理认识的哲学意识。"八个相统一"具有深刻的马克思主义哲学意蕴，它内在地要求以辩证唯物主义和历史唯物主义为哲学基础和方法论指引，分不同层面探讨思政课"八个相统一"所蕴含的哲学思维、基本原理和方法论。一是思维层面，厘清和界定涉及"八个相统一"内涵规定和话语表述的特定范畴和术语，揭示它所包含的"一与多""统一与多样""主导与主体""理论与实践""批判与建设""显性与隐性"等话语的哲学内涵；二是原理层面，梳理"八个相统一"蕴含的辩证法、认识论、实践论、价值论，尤其是矛盾统一规律的哲学原理；三是揭示"八个相统一"蕴含的理论和实践相结合、逻辑与历史相统一、特殊性与普遍性相统一、主观能动性与历史必然性相统一、温度与高度和深度相统一、真理与价值相统一等方法论。

另一方面，要加强"八个相统一"的理论基础研究。立足习近平总书记关于意识形态工作、思想宣传工作、思想政治教育工作、思政课课程建设等系列重要论述，梳理支撑"八个相统一"的相关思想源泉；挖掘马克思主义经典作家关于思想政治教育的相关重要论述和思想；梳理中国共产党思想政治教育工作中的理论资源；科学吸纳中国传统文化中有关涉及"八个相统一"的思想资源；科学借鉴西方有关思想家教育家的重要观点和论述，从而为建构"八个相统一"的理论基础提供理论资源。

（五）剖析"八个相统一"规律认识的逻辑结构

"八个相统一"作为整体，它内含的各个统一之间具有内在逻辑关系，彼此之间相互联系、相互影响，是一个有机的统一体。从横向逻辑结构、纵向逻辑演进、逻辑线索、几对结构性关系等"知"的四个方面建构认识新时代高校思政课"八个相统一"的逻辑结构。

第一，横向结构。从逻辑起点、哲学基础、方法论原则、本质规定性、理论品格、价值目标等横向结构揭示和诠释"八个相统一"的逻辑结构。

第二，纵向演进。从马克思主义有关教育的原理和方法，到中国化马克思主义即毛泽东思想和中国特色社会主义理论体系蕴含的相关教育思想论述，尤其是习近平新时代中国特色社会主义思想中蕴含的思政课建设的思想等纵向维度梳理"八个相统一"的逻辑演进。

第三，逻辑主线。从高校大学生主体，思政课教师主导，"为谁培养人、培养什么样的人、如何培养人"和"什么是思政课、建设什么样的思政课、如何建设思政课"主题，马克思主义世界观和方法论同新时代中国特色社会主义实际相结合的主流等"主体主导主题主流"维度建构认识"八个相统一"的逻辑主线。

第四，几对结构性关系。从逻辑体系和理论演进上讲清楚和处理好几对关系：一是"八个相统一"与坚持教书和育人相统一、坚持言传和身教相统一、坚持潜心问道和关注社会相统一、坚持学术自由和学术规范相统一"四个统一"的关系；二是"八个相统一"与思想政治理论教育规律、思想政治工作规律、教书育人规律、学生成长规律"四个规律"的关系。

（六）掌握"八个相统一"规律认识的理念方法

从"知信行""学思用"整体视域探讨"八个相统一"落地的理念方法。

首先，思维理念。"知"：理论逻辑、历史逻辑和实践逻辑相统一。高校四门思政课包括《思想道德与法治》《中国近现代史纲要》《马克思主义基本原理概论》《毛泽东思想和中国特色社会主义理论体系概论》自成一个知识系统，内蕴理论逻辑、历史逻辑和实践逻辑，贯穿"马克思主义中国化"主线、"实现中华民族伟大复兴"主题，其中《思想道德与法治》侧重于实践逻辑和微观行为规范，《中国近现代史纲要》侧重于历史逻辑和历史认同，《马克思主义基本原理概论》和《毛泽东思想和中国特色社会主义理论体系概论》侧重于理论逻辑，前者是后者的"源头活水"，后者是前者的"发展形态"。因此，从知识视野和整体性视域把握思政课及其"八个相统一"规律，需要"同学习马克思主义基本原理贯通起来，同学习党史、新中国史、改革开放史、社会主义发展史结合起来，同新时代我们进行伟大斗争、建设伟大工程、推进伟大事业、实现伟大梦想的丰富实践联系起来"①。

---

① 习近平：《在"不忘初心、牢记使命"主题教育总结大会上的讲话》，《人民日报》2020年1月9日第2版。

在理论逻辑、历史逻辑、实践逻辑三者相统一中审视和研究思想政治理论课，是马克思主义整体性和思想政治理论课整体性的本质要求，可以达到对思想政治理论课研究的透彻性，从纵横交错的理论、历史、现实中抓住问题的本质，展现马克思主义研究和思想政治理论课研究的"理论之美"。"理论、道路、模式"相贯通。总结中国共产党百年来的奋斗成就就是形成了一套解释中国奇迹的中国理论，走出了一条中华民族伟大复兴的中国道路，形成了具有中国特色的社会主义现代化和实现每一个人自由全面发展的中国模式。思政课肩负讲好中国奇迹、中国故事，阐释中国理论，坚定中国道路自信，传播中国模式价值的时代使命，从"理论、道路、模式"相贯通的理路是系统把握思政课内在逻辑的好方法。"政理、学理、事理"相贯通的理念。"课程讲授要以问题为导向，以实践事理为基础，揭示学理内涵、阐释政理原则，达到政治性和学理性的统一"。① "信"：知、情、意相统一；真、善、美相统一；知、信、行相统一；明道、信道、传道相统一；真学真懂真信真用相统一。教师的"教"和学生的"学"是辩证统一的关系，二者不能割裂开来，更不能对立起来，只有依据学生特点展开的"教"才能促成最有效的"学"的结果。一种理论何以拥有源远流长和历久弥新的生命力、影响力及好的命运？理论的命运取决于创立者、传播者、实践者、接收者的"实现状态"与时代需要。创立者的"真经"、传播者的"真懂"、实践者的"真用"、接收者的"真信"和时代的"真灵"，是决定一种理论的生命力的基本结构性要素。其中，必然涉及理论的生产、表达和实现方式问题，而理论的生产、表达和实现方式，是意识形态建设领域中的一个根本性问题。② "行"：思想理念体系、工作方法体系与实践评价体系相统一；理论体系、教材体系、教学体系与话语体系相统一；教师主导、学生主体、教

---

① 李昱静、王宏波：《力行新的教学理念，讲好"关键课程"》，《思想理论教育导刊》2020年第9期。

② 参见韩庆祥、王海滨：《提升中国哲学社会科学的话语权和影响力——以"理论的命运"为例》，《中国特色社会主义研究》2014年第3期。

材体系与课堂管理相统一；学科建设、课程建设、学院建设相统一。

其次，教学理念。理念是规律最深层次的观念形态，是马克思主义立场在思政课课程和教学中的逻辑展开，是隐藏在教师教学活动背后的深层次意识。政治性教学理念、研究性教学理念、学科性教学理念、价值性教学理念、现代化教学理念，这些都是思政课课程教学活动开展的意识群。

再次，思想方法。毛泽东对于方法的重要性有生动的比喻："我们不但要提出任务，而且要解决完成任务的方法问题。我们的任务是过河，但是没有桥或没有船就不能过。不解决桥或船的问题，过河就是一句空话。不解决方法问题，任务也只是瞎说一顿。"① 我们这里所说的思政课的方法，是包含思想方法和工作方法相统一的方法。逻辑与历史相统一、理论和实践相结合、世界观和方法论的统一、研究方法和叙述方法的统一、整体性方法等作为马克思主义方法论的基本命题，是贯穿思政课教育教学中马克思主义方法教育的精髓。

最后，工作方法。思想方法是工作方法的灵魂和理论形态，工作方法是思想方法的具体化，更具有可操作性。思想方法和工作方法都属于马克思主义方法论和方法的体现，只是不同的理论和实践形态。以理服人的工作方法、从学生中来到学生中去的"群众路线方法"、调查研究的方法、为目标学生精准施教的方法。

（七）探索"八个相统一"规律认识的实践途径

从"行""用"的诸多方面探寻思政课"八个相统一"落地的具体路径。

第一，构建"大思政"格局的制度与机制。新时代之新，一个重要的维度就是事物内部及事物与事物之间的内在联系更加紧密且更错综复杂，更

---

① 《毛泽东选集》第1卷，人民出版社1991年版，第139页。

加内在地要求人们发挥辩证思维能力和马克思主义看家本领，在动态和总体中去把握事物的规律性。因此，"思政课程"建设需要树立"跳出思政课程看思政课程"的思维。一是促进学科建设、学院建设、课程建设、人才队伍建设等有机统一"四大建设"；二是推动和形成"思政课程"与"课程思政"的协同格局；三是协调好理论体系、教材体系、教学体系、认知体系和信仰体系"四大体系"的相互转化；四是打通和实现学术话语体系、政治话语体系和生活话语体系的有机统一；五是以"三全育人"为抓手，把组织育人与服务育人、科研育人与实践育人、文化育人与管理育人相结合；六是坚持和推进学校思政课一体化建设。既要打通和实施"大中小学思政课一体化"，也要打通和实施"本硕博思政课一体化"，或者说对"大中小学思政课一体化"中"大"的理解应该是"本硕博"的一个有机整体。行百里者半九十。高校思政课教学亟须打通"最后一公里"，博士生公共课代表着高校思政课的最高层次，是思政课万里长征的"最后一公里"，思政课教学一体化，不但要推进大中小学一体化，更要推进本硕博一体化。

第二，坚持政治向度、知识向度、人文向度和目标向度的评价标准，建构"八个相统一"的评价机制。思政课建设成效的好坏，评价的标准我们不能"自说自话"，不仅需要以学生为衡量标准，还需要放到整个哲学社会科学体系中去"打擂比武"。这不是说，思政课教师相对于专业课教师处于"弱势"，一定程度上恰好相反，好的思政课教师首先是好的专业课教师。从思政课的课程性质来看它又要求我们的思政课教师不断去攀岩，努力锻造马克思主义的看家本领，提升思政课教师的马克思主义理论"教学内功"。思政课课程内容的与时俱进及其价值目标决定了它不同于一般人文通识课和一般自然科学课程的特性所在，也体现了思政课课程的生命力和艰巨性。因此，建构"八个相统一"评价机制的维度是多样性的。

第三，建立思政课学习的长效机制。建构"八个相统一"评价机制的维度是多样性的，同时也就要求思政课教师既要苦练内功，更要具备开放的学习和吸纳精神。建立思政课教师的进修、培训、集体备课等机制；建立思政课教师的准入、考核和退出机制；建立思政课教师的合理评价、激励机制。比如，在集体备课内容上，要突出备好教材、学生、教法、学法、作业。在备课形式上，突出专家领衔讲、骨干教师示范讲、备课小组说课、新进教师试讲，做到显性教育和隐性教育相统一。[①] 最后，要把系统研读马克思主义经典著作作为思政课教师培养的战略工程，全方位提升思政课教师的马克思主义理论看家本领。

---

① 李建华：《普遍实行集体备课制度，办好立德树人关键课程——学习贯彻党的十九届五中全会精神》，党建网，2020 年 12 月 28 日。

坚持统一性与多样性相统一：
思想政治理论课改革创新的重要原则

杜　敏

思想政治理论课（本文以下简称"思政课"）是在全国大中小学循序渐进、螺旋上升地开设的，向学生系统地进行社会主义思想品德和政治教育的课程，在培养社会主义建设者和接班人的过程中发挥着不可替代的作用。习近平总书记在学校思想政治理论课教师座谈会上就思政课的改革创新提出了"八个相统一"的基本要求，其中坚持统一性和多样性相统一，是对思政课建设中长期存在的"一"与"多"矛盾化解的科学认识，是思政课改革创新的实践性要求。阐释思政课坚持统一性和多样性相统一的理论内涵，剖析当前思政课在统一性和多样性相统一方面的偏颇之处，探讨思政课改革创新坚持统一性和多样性相统一的路径选择，具有重要意义。

一、思政课坚持统一性和多样性
相统一的理论阐释

在思政课教学过程中存在着"一"与"多"的基本矛盾。思政课以有目的、有计划、有组织的课程教学为主要形式，遵循思想政治工作规律、教书育人规律和学生成长成才规律，旨在培养和提升学生的思想政治觉悟、马克思主义理论素养和社会主义道德品质，是落实立德树人根本任务的关键课程。在思政课教学中，"国家和社会对学生在思想政治觉悟、马克思主义理论素养和社会主义道德品质方面的统一性要求"（"一"）与"'教师面临的具体教学情境''学生现实的思想政治觉悟、马克思主义理论素养和社会主义道德品质的多样性发展状况'"（"多"）之间的矛盾是思政课的基本矛盾，贯穿于思政课发展全过程，妥善解决好"一"与"多"的矛盾是思政课改革创新的重要前提。

然而，如何处理"一"与"多"的矛盾一直以问题的形式被提出，对这一问题的破解曾形成了两种对立的思维模式："以一驭万"和"以多解一"。①"以一驭万"模式中表现出的控制欲和傲慢感易让人产生专断蛮横的不好联想，"以多解一"中表现出的抵抗性和异质感易让人陷入不确定的迷茫中。在思政课发展历程中，两种情况都曾出现过，非此即彼的思维模式令人不甚满意，促使人们去探索更好的解决方式。

坚持统一性和多样性相统一原则的提出是对这种对立思维模式的超越，旨在"寻求一种能够容纳和肯定多样性和异质性的统一性"②。习近平总书记指出，思政课要"坚持统一性和多样性相统一，落实教学目标、课程设置、教材使用、教学管理等方面的统一要求，又因地制宜、因时制宜、因材施教"③。统一性和多样性是相互渗透的，统一性中包含多样性，多样性中包含统一性。作为多样性要求的"因地制宜、因时制宜、因材施教"，不仅仅指教学方法的多样性，而且指作为统一性要求的"教学目标、课程设置、教材使用、教学管理"的多样性维度。而虽然"教无定法"，但思政课的特殊性质

---

① 贺来. 超越"一"与"多"关系的难局——一种实践哲学的解决方案［J］. 中国人民大学学报，2015（5）.

② 贺来. 超越"一"与"多"关系的难局——一种实践哲学的解决方案［J］. 中国人民大学学报，2015（5）.

③ 用新时代中国特色社会主义思想铸魂育人　贯彻党的教育方针落实立德树人根本任务［N］. 人民日报，2019-03-19.

决定了"理论灌输法"是其基本教学方法，因此多样性的教学方法也包含统一性的维度。因此，思政课坚持统一性和多样性相统一，实际上涉及教学目标、教学内容、教学方法、课程设置、教学管理五个方面，每个方面都有统一性和多样性的双重要求，这是对唯物辩证法关于矛盾普遍性和特殊性原理的具体运用，是对思政课实践的经验性认识和规律性把握，有其内在规定性。

具体而言，思政课坚持统一性是指思政课教学要遵循方向性、规范性、共同性、稳定性的要求，这是一种总体性的框架约束。思政课具有明确的政治属性，要坚持政治方向、坚定政治立场、履行政治责任，把居于统治地位的思想政治观念制度化地传递给学生，帮助学生完成政治社会化。因此，思政课教学根本目标的设定、国家统编教材的使用（教学内容的确定）、教学基本方法的贯彻、必修课程的基本设置、教学过程的规范管理等方面，都要体现国家和社会的共同意志和统一性要求，确保思政课贯彻落实党和国家的教育方针，坚持社会主义方向。

思政课坚持多样性是指在思政课教学中要注重多维性、灵活性、针对性、发展性的要求，是一种具体性的丰富拓展。在不同时空中展开的思政课教学实践，由不同教师面向不同的学生展开，每一个具体教学实践的展开都是复杂的、独立的、具体的创造性过程，需要遵循教书育人规律和学生成长成才规律。要充分尊重不同教师和学生的个性，把握教学过程中的阶段性特征和特殊性事项，具体问题具体分析，在教学目标的具体性设定、教学内容的丰富性拓展、教学方法的个性化摸索、课程的创新性设置、教学过程的弹性管理等方面，要因地制宜、因时制宜、因材施教，不断提高思政课教学质量，让学生有实实在在的获得感。

统一性和多样性是对立统一、相反相成的一对范畴。没有统一性的多样性发展易陷入一盘散沙的状态，"多样性必须在某种总框架的控制中才是多样性，否则，失控的多样性就只不过是混乱"①，以多样性抵消统一性，带

①　赵汀阳. 天下体系：世界制度哲学导论［M］. 北京：中国人民大学出版社，2011：9.

来的是虚无缥缈和不知所措，丧失目标感和方向感。没有多样性的统一性发展易陷入僵死枯槁状态，在尊重多样性的基础上形成的统一性才是真正意义上的统一性，以统一性僭越多样性，带来的是消极的屈从、无条件的依附和绝对的服从，丧失了鲜活力和生命力。坚持统一性和多样性相统一是思政课改革创新的重要原则，涉及教学目标、教学内容、教学方法、课程设置、教学管理等五个方面，既要求统一性约束下的多样性发展，实现有序和谐之境；又要求多样性发展中的统一性指向，达到异曲同工之妙。两者统一于思政课教学实践中，不可各执一端、偏废其一。

二、思政课在坚持统一性和多样性方面存在的现实问题

当前，随着党和国家对思政课建设的高度重视，经过广大思政课教师的不懈努力，思政课已经形成了统一性和多样性协调发展的良好态势。但在具体的教学实践中依然存在着一些问题，既存在脱离多样性的统一性片面发展状况，又存在脱离统一性的多样性片面发展状况，需深入剖析，以促进思政课在改进中不断加强。

（一）教学根本目标和具体目标的理解偏差

思政课的教学目标是指教学过程中预期达到的结果，指导着教学活动的具体展开。教学目标根据党和国家的教育方针设定，其中起着支配性作用、贯穿教学全过程的目标是根本目标，这一根本目标会在教学实践中被细化为不同层次的具体目标。在应然层面上，教学目标统一性根本目标和多样性具体目标有机统一，但在实际教学中却存在着一定偏差，具体表现在以下两个方面。

其一，剥离具体的历史情境，对根本目标进行抽象化、概念化理解。"人的自由全面发展"是马克思主义的价值追求，也是思政课教学的根本目标，规定着思政课发展方向和学生成长成才方向。具体地历史地理解"人的自由全面发展"的基本内涵、理论根据、价值旨趣是思政课顺利展开的前提，但当前存在着对这一根本目标理解不清、认识模糊、淡化虚无的状况，以至于"人的自由全面发展"的精神实质被抽空，成为确保政治正确的口号式存在和"空洞无物的八股调"，根本目标的导向作用、激励作用无法充分发挥出来。其二，对具体目标进行片面性、肤浅性理解。所谓片面性理解是指教学目标的制定缺乏多样性和全面性，重视知识传授，忽视能力培养、道德提升、价值引领、信仰塑造等方面。所谓肤浅化理解是指教学目标层次不清，对思政课性质和使命理解不到位、流于表面，存在着只注重眼前目标，一味地降低教学要求，忽视与根本目标的衔接等问题。

（二）教材体系和教学体系的关系处理失当

由专家撰写、层层审定、不断修订而产生的国家统编教材，集中体现了党和国家的共同意志，逻辑严谨、内容全面、理论科学、用词规范，对教材体系的科学理解和恰当运用是思政课坚持统一性的基本要求。教材体系理论性、思想性强，但生动性、针对性较弱，由一线教师在教学活动中具体运用的教学体系，"在内容的选择上具有问题针对性、重点突出性、难点深入性等特点"[①]，构建符合实际需要的教学体系是思政课坚持多样性的基本要求。

教师是教材体系和教学体系之间转化的桥梁，当前广大思政课教师已经在思想上意识到既不能脱离教材也不能拘泥于教材，但由于教学内容生产能力不足，以至于在教学过程中呈现为脱离教材或拘泥于教材，不能恰当地处

---

① 周向军. 正确认识和处理"原理"课教学中的八大关系 [J]. 思想理论教育导刊，2017（9）.

理教材体系和教学体系之间的关系。具体而言，一些教师由于政治站位不够、理论素养不高、研究能力不足等原因，导致对统一性教材的理解存在偏差，在创造性运用教材方面瞻前顾后，重难点不突出，统一性要求无法落实；一些教师由于对教学素材收集和运用的能力不足、功底不够，对时代性内容、最新学术成果、生活性内容的吸纳融合能力不足，导致教学内容干瘪、吸引力不够，教学内容的亲和力和针对性有限，多样性要求无法满足。

（三）教学基本方法和具体方法运用欠妥

每门课程都有自身的特点，在教学方法上也有特殊性要求。"思想政治理论课的育人机理是以理论作为切入点，从中提炼出思想，进而在思想性内容的传达中落实政治性目标"[1]，在思政课教学过程中，"理论灌输法"是基本教学方法，用真理说服人是思政课的根本要求，这是由思政课的课程性质所决定的。而具体的教学方法是教师根据具体教学情境的展开而选择和运用的方法，形式多样、针对性强。

当前，在思修课教学中，一定程度上存在着对"理论灌输法"的简单摒弃，对具体方法运用形式化的问题。一方面，简单摒弃"理论灌输法"是指一些教师在教学过程中轻视甚至放弃集中式的系统讲授，由于"理论灌输法"被污名化、歪曲化，被打上强制性、反人道的"坏标签"，导致一些教师对"理论灌输法"避之不及，把课堂话语权完全让渡给学生，以尊重学生主体性之名，行推卸教学责任之实；另一方面，随着教学技术的改进，课堂只采取单一教学方法的现象大为减少，但又陷入了另外的误区，即刻意追求花样翻新、课堂炫技；或以课堂娱乐化换取到课率、抬头率，以图片、视频、表情包、段子等素材简单堆砌课件，追求课堂的短期效应，使课堂教学流于表面，入耳入眼但不入脑入心；或简单地技术崇拜，出现了

① 刘伟、陈锡喜. 高校思想政治理论课教学体系建设论析 ［J］. 思想教育研究，2018（2）.

"盲目追逐技术装备、过多依赖技术手段、过度沉迷技术景观等异化现象"①，投入大量时间精力去追逐最新的教学技术，教学成效被简单化为技术性精彩，与育人初心相背离。

（四）多样性"课程思政"发展不充分

当前，思政课价值不断凸显，国家统一要求的思政课被摆在学校发展的突出位置，在各个大中小学校中切实地开设着，有着严格的学分规定、课时要求、经费保障、师资队伍、教学场所，在维护国家意识形态安全、确保中国特色社会主义事业后继有人等方面发挥着不可替代的作用。也就是说，当前思政课作为学生的必修课，有着制度性保障。在课程设置上，问题所在之处是学校特别是高校多样性"课程思政"发展不充分。

思政课的不可替代性并不意味着它的完备性和封闭性，需要"课程思政"来加以补充。国家统一开设的思政课，其教学内容相对固定，能够涵括的知识相对受限，"为满足学生成长发展的需求和期待，其他各门课都要守好一段渠、种好责任田，使各类课程与思想政治理论课同向同行，形成协同效应"②。"课程思政"是"以课程为载体、以各学科知识所蕴含的思想政治教育元素为切入点、以课堂实施为基本途径的育人实践活动"③。当前，在思政课的课程设置上，多样性的"课程思政"发展相对不足，协同育人的效果还不太明显，具体表现为：一些学校课程存量未盘活，对已有课程资源的思想政治意蕴挖掘不充分；一些学校课程增量不明显，具有学校优势、地域优势、时代特征的"课程思政"开设不足。

---

① 赵庆寺. 现代信息技术与高校思政课深度融合的异化及其超越 ［J］. 学术论坛，2018（5）.

② 把思想政治工作贯穿教育教学全过程　开创我国高等教育事业发展新局面 ［N］. 人民日报，2016-12-09.

③ 邱伟光. 论课程思政的内在规定与实施重点 ［J］. 思想理论教育，2018（8）.

（五）教学管理刚性有余但弹性不足

教学管理是"运用管理科学和教学论的原理与方法，充分发挥计划、组织、协调、控制等管理职能，对教学过程各要素加以统筹，使之有序运行，提高效能的过程"①。从统一性和多样性的角度来审视思政课教学管理，既要求通过制度化、规范化、标准化的教学管理方式来维护教学秩序，为教学活动提供一个有效运行的稳定空间；又要求通过多样性、层次性、灵活性的教学管理方式来释放教学活动，为教学活动提供一个创造性的自主空间。当前，思政课的教学管理存在着刚性有余、弹性不足的问题。

其一，教学管理和教学服务在一定程度上相分离。教师是教学活动的直接承担者，办好思政课的关键在于教师积极作用的发挥。对思政课教师提出高标准、严要求是适应思政课发展面临的复杂形势的必然要求。但当前一些学校仅仅从管理和效率出发，自上而下地向教师提出冷冰冰的硬性要求，相应地，促进教师成长的培训措施、制度支撑、项目支持却没有跟上，使教师易陷入能力不足的焦虑之中。其二，教学管理手段生硬。一些学校习惯采取监控的方式进行管理，过度地督查、高频次听课，甚至在课堂上安排专门的学生监督员，一些教师的积极性和尊严感被挫伤，以致在讲台上无所适从、束手束脚，不知该如何开口讲课。

三、思政课改革创新坚持统一性和
多样性相统一的路径选择

坚持统一性和多样性相统一不仅是一种理论要求，还是一种实践要求。面对当前存在的现实问题，要把统一性和多样性相统一的原则贯彻到教学目

---

① 陆雄文主编. 管理学大辞典 [Z]. 上海：上海辞书出版社，2013.

标、教学内容、教学方法、课程设置、教学管理等方面，切实推进思政课的改革创新。

（一）"时代新人"：教学目标统一性和多样性相统一的契合点

教学目标是根本目标和具体目标的统一，而时代新人是根本目标和具体目标的双重体现和内在契合。思政课的改革创新要自觉以培养时代新人为己任，实现教学目标统一性和多样性相统一。

时代新人是"人的自由全面发展"这一根本目标在当下发展阶段的具体化。"人的自由全面发展"具有历史生成性，它向未来敞开可能空间，并在历史实践中不断逼近。它不仅作为一种崇高的价值理想，指引着思政课的发展方向；而且在具体的历史情境中被现实地规定着，具有渐进性、时代性的发展样态。在历史发展过程中，"思想政治教育的根本目标曾经被规定为培养共产主义接班人、又红又专的人、'四有'新人、社会主义新人、中国特色社会主义事业建设者和接班人等，它们与人的自由而全面发展，无论是根本意义上，还是实现途径上，无论是对于无产阶级政党全体成员和全体人民，还是对于每个成员个体，都是统一的"[1]。

也就是说，思政课的教学目标始终不忘"人的自由全面发展"这一初心，同时又立足于我们正在做的事情，始终与党和国家的教育方针和阶段性历史任务相匹配，跟着时代脉搏一起跳动。"有本领、有理想、有担当"的时代新人是在中国特色社会主义进入新时代这一历史方位中提出的，具有丰富的内涵，是对具体目标的全面深刻理解。时代新人既是民族复兴伟大历史使命的担当者，又是社会主义现代化事业的弄潮儿，在文化素质、知识水平、思想认识、政治觉悟、价值观念、道德品质、理想信念等方面向青年一代提出全面要求。时代新人"虽然从它的提出看是特指眼前的新时代，但

---

[1] 孙其昂. 思想政治教育学前沿研究 [M]. 北京：人民出版社，2013：170.

从它的字面上看，则可以一般性地指我们党和国家事业所经历的每一个新时代或新时期"①。这意味着时代新人在统一性中蕴含着多样性，在多样性中又指向统一性，既是教学目标的一以贯之，又是教学目标的因时制宜。思政课以培养时代新人为教学目标，既克服了对"人的自由全面发展"这一根本目标的抽象性理解，又克服了对具体目标的片面性、肤浅性理解。正是在每一个时代的新人的培养过程中，立德树人的根本任务才能落到实处，中国特色社会主义伟大事业的建设主体才得以保障。

（二）"内容生产"：教学内容统一性和多样性相统一的关键点

教学内容生产是指教师根据党和国家的统一性要求（主要通过教材体系来呈现）、自身教学实际以及学生思想发展特点，对思想意识、价值观念和道德规范的选择设计、组织安排的过程，生产出来的教学内容是否具有思想性、理论性和亲和力、针对性，直接影响着思政课的教学效果。内容生产过程实际上是教材体系向教学体系的创造性转换过程，要不断提高教师的内容生产能力，做到"照本不宣科"，实现教学内容统一性和多样性相统一。

首先，提升教师的教材研究能力，教师要以研究性的态度和方法对待教材，为创造性运用教材打下基础。要探究性地深入教材、吃透教材，对教材上呈现的结论进行多维度、深层次的思考，把握编写思路、梳理理论逻辑、概览基本内容、凝练核心观点、突出教学重点，以教材为蓝本搭建教学内容的基本框架。其次，提升教师的教学内容更新能力，保持教学内容的开放性和时效性，避免"一本讲稿讲到底"。教师要把握时代发展脉搏，关注新近的重大会议、重要活动、重大事件，并及时转化为教学内容，在课堂中呈现富有时代气息的鲜活内容；要了解学科发展新进展，发挥科研对教学的反哺

---

① 刘建军. 论"时代新人"的科学内涵［J］. 思想理论教育，2019（2）.

功能和支撑作用，积极吸收转化最新学术研究成果，提高教学内容的思想深度；要强化问题意识，定期收集思想文化领域的热点问题，特别是对学生关注度高、争议性大、困惑性多、影响面广的问题，要能够提供有价值、有态度、有依据的理论性分析、专业性观点，培养学生创造性思维和批判性思维，增强学生对现实的理解；要从学生身边事入手，贴近学生学习和生活实际，挖掘接地气的教学素材，如身边的老师、同学的事迹，提高教学内容的可触及性和可体验性。

（三）"变与不变"：教学方法统一性和多样性相统一的平衡点

教学方法是在综合考虑课程性质、教学目标、教学内容、教师和学生的个性特征以及学校硬件条件等因素的基础上采用的方法和手段。行之有效的教学方法能够吸引学生的注意力、调动学生的积极性、启发学生的思考，帮助教师顺利完成教学任务。教学方法统一性和多样性相统一的平衡点在于把握"变与不变"的辩证法，要树立正确的教学方法和改革观念，坚持教师主导性和学生主体性相统一，使教学方法与教学目标、教学内容、教学过程相匹配，以教学方法的适应性和有效性为基本遵循，既不因循守旧，又不盲目求新。

其一，要坚持教学方法的"变动中的不变性"，在改进中不断加强基本教学方法的运用，发挥教师的主导性作用，坚守课堂主阵地。每当探讨教学方法改革时，"理论灌输法"都会被拉出来批判一番，似乎诘难乃至最终驱逐"理论灌输法"就走上了教学改革的正道。然而，"理论灌输法"以系统的课堂讲授为主要特征，能够在有限的课堂时间内向学生传输大量的理论知识、政治思想、道德规范、价值观念，能够帮助学生系统性、深层次、多维度地理解教学内容，是思政课理论深度和思想深度的彰显，也是思政课教师不可替代的重要体现。要辩证看待"理论灌输法"的优缺点，避免教条式、说教式、夸大式、口号式、单一式理论灌输①，在改进中不断加强"理论灌输法"，理直气壮地坚持教师主导性作用，提高思政课教师的责任意识和岗位意识，以灌输内容的真理性、科学性、逻辑性站稳讲台、打动学生，真正掌握课堂话语权。其二，要坚持教学方法的"不变中的变动性"，要提高教师的技术素养，积极探索大数据、人工智能等现代化技术与思政课的深度融合方式，以教学内容的丰富性呈现为融合点，探索实时性线上线下互动、角色体验与情景模拟等教学方法，打造适应学生自主学习、主动参与、积极体验的智慧课堂。同时，要克服技术崇拜，明晰技术在思政课教学中的工具性价值和运用限度，使技术服务于教学需要而不是止步于课堂炫技，克服教学方法创新过程中的形式主义，避免过度的技术依赖对教学效果的抵消，做好即使脱离现代化技术也能讲好课的思想觉悟。

（四）"课程思政"：课程设置统一性和多样性相统一的着力点

课程设置统一性和多样性相统一的着力点是大力发展"课程思政"，推动思政课与"课程思政"的同向同行，发挥协同育人功效。一方面要继续保持国家思政课统一性、制度性开设的良好局面，坚持课程设置上的统一性要求；另一方面要发展"课程思政"，以思政课为核心打造课程群，适应"大思政"发展趋势，形成全方位育人格局，坚持课程设置上的多样性要求。

首先，要明确思政课的内容局限性。因其思想性、政治性、系统性的课程要求，以及教师本身知识、理论和能力的有限性，思政课不可能成为无所不包、百科全书式的通识课程，有限的内容含量与国家和社会要求的时代性、与学生发展需求的复杂性之间存在着一定差距，需要多样化"课程思

---

① 袁文华. 论思想政治教育的灌输艺术及其把握 [J]. 思想政治教育研究，2018 (1).

政"来补充。其次，要盘活"课程思政"存量，一方面要坚持普遍性要求的具体化落实，把发展"课程思政"这一普遍性要求具体化，要因校制宜、因地制宜，利用不同学校已有的教学资源和不同地域的特色文化资源来发展"课程思政"，不盲目地另起炉灶；另一方面要坚持特殊性发展的普遍化提升，择优推广一些符合国家发展要求、已经取得良好教学效果的"课程思政"，如上海高校开设的"大国方略"系列课程，实现优质教学资源共享。最后，在课程增量上，要坚持课程体系的整体性规划，建立"课程思政"的审核、评估、准入和退出机制，以思政课为核心打造课程群，如围绕着"思想道德修养与法律基础"课集结伦理学、心理学、法学等跨学科师资团队，提高课程设置与人才培养目标的吻合度，避免"课程思政"泛化。

（五）"成事成人"：教学管理统一性和多样性相统一的立足点

秩序和自由都拥有不可替代的价值，人们都想追求，但往往陷入"鱼和熊掌不可兼得"的尴尬处境。教学管理坚持统一性和多样性相统一是对教学秩序和教学自由的双重价值维护。教学管理坚持统一性能够规范教学管理者、教师、学生之间的行为及其相互关系，把偶发性因素和不确定性因素控制在秩序范围内，减少教学过程中的盲目感、焦虑感和失控感。教学管理坚持多样性能够激励教师积极主动地理解教学目标、深化教学内容、丰富教学形式、探索教学方法，打造符合自身知识背景、理论素养、教学旨趣的个性化教学模式，吸引学生主动进入思政课教学关系，在参与体验中增进自己思想共识、价值共识、道德共识。

教学管理统一性和多样性相统一的立足点在于"成事成人"①。所谓教学管理的"成事"是指通过组织与领导机构的规范设置、规章制度的建立

---

① 杜芳芳. 学校教学管理的"二重性"探析［J］. 教育理论与实践，2013（13）.

运行、教学计划的制定实施、教学过程的监督控制、教学质量的评价管理等方式来维护教学秩序，支撑教学活动的有效运转，把教学这件事情办好。所谓教学管理的"成人"是指管理者要把管理和服务结合起来，宽严相济，既对思政课教师提出严要求，通过制度化的监督巡视规范教师言行；又充分信任思政课教师，提供创造性教学空间，加大教师教学发展中心的建设力度，建立和完善教师研修培训机制、教学咨询机制、教改项目支持、国内外访学机制，持续推进马克思主义学科建设，为教师提供成长的平台和空间，满足教师成长和发展的需要，把人发展好。

高起点打造"习近平新时代中国特色
社会主义思想概论"金课①

——基于首届"习近平新时代中国特色社会主义思想概论"课多校联动集体备课会

王瑕莉　　苗翠翠

为推动习近平新时代中国特色社会主义思想进教材、进课堂、进学生头脑，教育部要求从 2019 年开始，在拥有全国重点马克思主义学院的高校试点开设"习近平新时代中国特色社会主义思想概论"课，2020 年秋季学期开始在拥有全国重点马克思主义学院的高校，面向大三学生全面开设这个课程。面对这一任务，如何上好"习近平新时代中国特色社会主义思想概论"课，成为目前高校亟须探索解决的问题。为此，本文结合首届"习近平新时代中国特色社会主义思想概论"课多校联动集体备课会议，对如何打造"习近平新时代中国特色社会主义思想概论"金课进行思考和探索。

---

① 【基金项目】新世纪高等教育教学改革研究项目"习近平新时代中国特色社会主义思想概论教—研—学三位—体模式及路径研究"SCU9099。

一、"习近平新时代中国特色社会主义
思想概论"金课的标准和要求

吴岩认为,中国"金课"要具备高阶性、创新性与挑战度。[①] 结合"习近平新时代中国特色社会主义思想概论"课的实际,金课的标准更加具体。

第一,遵循"八原则"。"八原则",即"讲清讲准地位,讲好讲活历史,讲精讲深内容,讲明讲透任务"。这"八原则"是在首届"习近平新时代中国特色社会主义思想概论"课多校联动集体备课会议中,林伯海教授总结的刘勇教授所提的讲好"文化自信"应该遵循的原则。"八原则"不只适用于讲好"文化自信",也适用于"习近平新时代中国特色社会主义思想概论"课的其他内容。金课,是价值高,效果好的课,一堂"习近平新时代中国特色社会主义思想概论"金课,一定要遵循"八原则"。教师要在遵循"八原则"的基础上,认真备课,丰富课堂讲授的内容,让学生真正在课堂上学有所获、学有所得。只有讲清楚习近平新时代中国特色社会主义思想在中国特色社会主义事业中的作用和地位,在中国特色社会主义理论体系中的作用和地位,在马克思主义的发展中的作用和地位,才能引起学生对这个课的重视,从而认真投入课堂学习中;只有结合中国的历史进行讲解,才能在将"四史"教育融入思政课的过程中,为讲清习近平新时代中国特色社会主义思想的科学性提供历史维度的支撑;只有讲精讲深内容,才能让大三学生在已有知识的基础上有新的收获,而不是仅仅停留于高中或者大一大二所学的有关习近平新时代中国特色社会主义思想的内容,才能提升课堂的

---

① 吴岩:《中国"金课"要具备高阶性、创新性与挑战度》,中华人民共和国教育部,2018 年 11 月 29 日。

实际效果,并且体现课程的挑战度;只有结合各部分具体的内容讲明讲透任务,才能让对习近平新时代中国特色社会主义思想的讲解不空洞,让学生能够看到具体内容的运用,让学生结合实践更好地理解这一思想的精髓。

第二,兼顾内容与形式。在首届"习近平新时代中国特色社会主义思想概论"课多校联动集体备课会议的点评环节中,李辽宁教授指出,"一堂好课,内容好、形式好,才是真的好"。一堂好的"习近平新时代中国特色社会主义思想概论"课,不仅要有吸引学生的内容,也要使用学生乐于接受的形式。习近平新时代中国特色社会主义思想正指导着当前中国的治国理政实践,对其内容的讲解、观点的阐释,必须要严谨、准确。因此,在讲授这门课的过程中,首先要核对所讲内容的准确性。其次,要强调所讲内容的与时俱进性。"内容老 不更新"的课是"土课",不是"金课"。再次,所讲内容还包括对习近平新时代中国特色社会主义思想的深入阐释与解释,包括这一思想各个部分之间的逻辑关系,包括这一思想如何指导和影响着中国社会的实践。在"高校思政课推动习近平新时代中国特色社会主义思想入脑入心成效研究"课题组对学生进行访谈时,学生普遍想要更多地了解习近平新时代中国特色社会主义思想各个部分之间的逻辑关系,并且强烈要求将内容的传递与实践分析相结合。四川大学在设置"习近平新时代中国特色社会主义思想概论"课讲授的专题时,不局限于《习近平新时代中国特色社会主义思想学习纲要》和《习近平新时代中国特色社会主义思想三十讲》的内容,也结合四川大学所处地区这一实际对其中的一些思想进行深入分析。"方法旧 满堂灌"的课是"木课",不是"金课"。习近平新时代中国特色社会主义思想,有些与学生所学专业表面上没有直接关系,因此学生不一定感兴趣。所以更加需要通过创新授课形式,引起学生的学习兴趣,调动学生的学习主动性、积极性,让学生参与其中,体现金课的创新性。因此,首届"习近平新时代中国特色社会主义思想概论"课多校联动集体备课会议中,多位专家在说课与对话中,分享其丰富的授课形式,为探索"习近平新时代中国特色社会主义思想概论"金课的形式提供建议。四川大学马克思主义学院在创新形式中，主要采取"锐评五分钟"这种形式，让学生结合最新的社会现象和故事，运用习近平新时代中国特色社会主义思想进行分析，让学生至少对其中的一个部分有深入的认识。

第三，既"瞻前"，也"顾后"，考虑"大中小"学、"本硕博"阶段相关知识的衔接。"习近平新时代中国特色社会主义思想概论"课旨在进一步推进习近平新时代中国特色社会主义思想进教材进课堂进学生头脑。进学生头脑非一日之功，也非一时之功，需要从小学开始抓起。为此，无论从教材还是课堂来讲，都要尊重学生在中小学阶段所学，并且为硕博阶段的深化做准备，在此过程中实现内容的步步深步步升。《新时代学校思想政治理论课改革创新实施方案》指出，小学阶段重在培养学生的道德情感，培养学生对习近平新时代中国特色社会主义思想的情感认同；初中阶段重点引导学生初步了解习近平新时代中国特色社会主义思想，感知马克思主义的思想力量和中国特色社会主义的实践成就；高中阶段重点引导学生理解习近平新时代中国特色社会主义思想，在课程中，以学生的认知为基础，讲授中国特色社会主义的开创与发展，习近平新时代中国特色社会主义思想的丰富内涵、思想精髓和理论意义；大学阶段重点引导学生深刻领会习近平新时代中国特色社会主义思想，培养运用马克思主义立场观点方法分析和解决问题的能力；研究生课程中的"新时代中国特色社会主义理论与实践"，专题讲授新时代中国特色社会主义理论和实践的重大问题，帮助学生进一步掌握中国特色社会主义理论体系，深化对习近平新时代中国特色社会主义思想的认识，坚定对马克思主义的信仰、对中国特色社会主义的信念、对实现中华民族伟大复兴中国梦的信心。[1] 因此，在"习近平新时代中国特色社会主义思想概论"课程的教学内容设计中，要体现出它作为大学阶段在大三学生中开设的实际。对于当前的大三学生，要考虑其在小学阶段或者中学阶段并未

---

[1] 中共中央宣传部、教育部关于印发《新时代学校思想政治理论课改革创新实施方案的通知》，中华人民共和国教育部网站，2020 年 12 月 22 日。

了解习近平新时代中国特色社会主义思想，要考虑部分理工科学生在高中阶段并没学习习近平新时代中国特色社会主义思想的丰富内涵、思想精髓和理论意义的实际。还需要在"毛泽东思想和中国特色社会主义理论体系概论"课程的基础上，适当重复之前的部分内容，补上之前所缺的环节，培养学生对这一思想的认同情感，理解这一思想指导下取得的实践成就等。对于已经在中小学阶段学习过习近平新时代中国特色社会主义思想的学生，则要在避免大量重复的基础上，引导学生深刻领会习近平新时代中国特色社会主义思想，并用这一思想分析问题。这样，我们的课程才能够体现出"高阶性"。同时，也要注意把握好度，既不提前实现学生在研究生阶段才需要达到的目标，也为硕、博阶段的思想政治理论课教学留下提升空间。

第四，实现从政治话语向教学话语的转化。话语是教师与学生进行沟通的桥梁，直接影响学生对教师所授内容的接受程度，影响课堂教学的效果。要让学生真正领悟和记住习近平新时代中国特色社会主义思想的内容和精神，需要使用学生能够接受的话语。除了关于教育的重要论述，体现习近平新时代中国特色社会主义思想的重要讲话、文件等，大多是面向党员干部的，是关于如何治国理政的，是关于如何更好地建设中国特色社会主义的。正因如此，我们目前所使用的教学参考资料，诸如《习近平新时代中国特色社会主义思想学习纲要》和《习近平新时代中国特色社会主义思想三十讲》等，其中使用的大多是政治话语。这样的政治话语，面对大学生讲，会让学生产生抵触情绪。大学生目前并未从事实际的工作，我们不能在讲述具体的内容时，要求他们按照讲话内容来做。因此，在"习近平新时代中国特色社会主义思想概论"课程中，我们需要首先实现从政治话语向教材话语的转变，再向教学话语的转变。在编制一本适合大学生的相关读本的基础上，教师"在课堂教学设计把教育内容的思想性和学生的兴趣点结合起来，使教学内容的呈现、话语的运用和教学资源的选择等与学生的话语习惯和话语方式结合起来，创设大学生熟悉的情境，使师生在教学过程中产生强烈的共鸣"①，并对了解和运用习近平新时代中国特色社会主义思想产生兴趣。例如，在讲解习近平总书记关于"中国共产党领导是中国特色社会主义最本质的特征"这一重要论述时，"用摆事实、举实例、讲故事与大学生同频共振、凝聚共识"②，让学生对这一重要论述有深刻的认识。在讲习近平总书记关于全面从严治党的重要论述时，不能把对党员干部的要求直接讲成要学生们怎么做，而是要结合学生的实际，在讲清楚基本内容的同时，用"家常话"以及学生能够接受的话语告诉他们应该怎样把握相关内容，以及怎样用知识来分析现在社会中的相关问题。但是，转化话语的过程中，也需要注意把握好度。我们可以学习习近平总书记用通俗易懂的话语拉近与听众的距离，可以使用一些谚语或者古诗词，但是不能一味迎合学生的需要，直接将网络"表情包"等用于课堂，不能使用低俗的语言。"习近平新时代中国特色社会主义思想概论"课所讲内容涉及治国理政，不能低俗化，要保证课堂的"高阶性"。

二、为打造"习近平新时代中国特色社会主义思想概论"金课做好备课工作

好的课程，从认真备课开始。在没有统一教材的情况下，如何备课就显得尤为重要。

第一，组织任课教师参加相关专题培训。"习近平新时代中国特色社会主义思想概论"课程，作为一门需要准确传递习近平新时代中国特色社会主义思想内容与精髓的课程，对课程内容的要求极高。而任课教师很少能对

---

① 覃事太、马俊、金鑫：《高校思想政治理论课教学话语建设的实践逻辑》，《思想理论教育导刊》2018年第5期，第16—18页。

② 郝连儒：《习近平讲话的语言风格对高校思想政治理论课话语体系建设的启示》，《思想教育研究》2017年第9期，第85—88页。

每部分的思想内容都掌握得足够透彻。在拥有全国重点马克思主义学院的高校，大三学生在大二已经系统学习了习近平新时代中国特色社会主义思想后，更想听到对这一思想的深度的、彻底性的解读。为满足学生的需求，提升课程实效性，并且实现课程的高阶性和挑战性，授课教师需要自身对这一思想有深刻的、彻底的理解。而对这一思想的深刻解读，需要有高层领导或者相关领域的高级专家领衔，对任课教师进行培训。因此，目前迫切需要组织任课教师进行相关培训，以此提升这门课的教学质量。

第二，发挥集体备课的优势。"习近平新时代中国特色社会主义思想概论"课所涉及的内容广泛，每位老师的专业领域不同。因此，打造金课，就要通过集体备课的方法，举众人之力备好每一个专题，不断打磨教学内容。除了组织跨校的集体备课以外，各地区、各学校还需要结合实际组织集体备课。在首届"习近平新时代中国特色社会主义思想概论"课多校联动集体备课会议中，各学校分享了其集体备课的成果。例如，西北工业大学开设"习近平新时代中国特色社会主义思想概论"课，通过建立教学团队进行备课，并且形成了学校特色。江西师范大学按照"11+1"的思路设计的课程专题内容，是其经过七轮集体备课讨论的结果。这些探索都为课程建设做了充分准备。另外，为实现"习近平新时代中国特色社会主义思想概论"课程"瞻前"和"顾后"，实现教学内容在大中小学中的有效衔接，在集体备课中，针对某一内容，还可以邀请中小学的相关教师参与，了解学生在中小学阶段已经学到什么程度。

第三，注重对学情和社情的掌握。学情是课堂的基础，社情是课堂的背景。了解学情才能增强授课内容的针对性，采取更加有效的途径，提升学生的获得感；掌握社情，才能紧跟时代步伐，与时俱进更新教学内容，才能在理论结合实际的过程中帮助学生更好地理解问题。在备课前，尤其是上课前，有必要在授课班级进行调研，了解班级学生对习近平新时代中国特色社会主义思想的掌握程度，因材施教。例如，四川大学结合大三学生特点以及通过问卷调查反馈的问题进行备课，还结合四川大学学生大多来自西部地区的实际情况拟定教学专题。太原理工大学马克思主义学院教师，课前对三百名学生进行调研，总结出核心问题，在备课时，带着学生关切的问题备课，有的放矢。这些准备工作有利于更好地打造金课。学生对于当前社会的热点问题比较感兴趣，我们只有掌握社情，并运用习近平新时代中国特色社会主义思想去分析这些社会问题，才能让学生真正掌握这一思想，并用其中的世界观、方法论分析问题。

三、完善"习近平新时代中国特色社会主义思想概论"课的内容体系

要打造"习近平新时代中国特色社会主义思想概论"金课，就要求其内容既蕴含学理性和基础性，也反映前沿性和时代性。首届"习近平新时代中国特色社会主义思想概论"课多校联动集体备课会议在频繁的交流和切磋中，也为完善"习近平新时代中国特色社会主义思想概论"金课的内容体系提出了众多建议。

第一，在课程内容体系的设置中，将规律性和创新性相结合。"习近平新时代中国特色社会主义思想概论"课内容的设置，既要遵循思政课建设的规律，又要与党的理论创新同步。正如习近平总书记所指出的："思政课建设长期以来形成的一系列规律性认识和成功经验，为思政课建设守正创新提供了重要基础。"① 因此，在内容设置上，一方面，要遵循思政课建设本身的规律性，即及时推动党的指导思想进高校课程。就这门课而言，就是要推动习近平新时代中国特色社会主义思想这一中国特色社会主义事业指导思想进课程。另一方面，要紧跟时代的脉搏，挖掘理论的原创性、创新性，即及时跟进学习习近平总书记最新讲话精神，让教学体系跟上理论体系的发展

---

① 习近平：《思政课是落实立德树人根本任务的关键课程》，《求是》2020 年第 17 期。

变化，从而教育和引导学生认识和把握党的指导思想发展的新境界。① 在课堂讲授中，把习近平新时代中国特色社会主义思想的原创性、在新时代的创新性贡献讲清楚。例如，可以从内容上分为对哲学社会科学的原创性贡献、开辟政治经济学新境界的原创性贡献、新时代科学社会主义的原创性贡献。同时，把习近平新时代中国特色社会主义思想的理论原创性、价值创造性和实践指导性，鲜活地融入到教学的各专题之中。如从大历史观的研究视野阐释习近平新时代中国特色社会主义思想何以是当代中国马克思主义、21 世纪马克思主义。从世界历史理论和人类文明前景的角度，阐述构建人类命运共同体这一中国方案的世界历史意义。

第二，在教学专题的设置上，将普遍性与特殊性相统一。"习近平新时代中国特色社会主义思想概论"课程的内容，不仅要有习近平新时代中国特色社会主义思想的原文，也就是有"普遍性"的地方，也要结合各个学校和学生的特点，因材施教，选择具有特色的内容。例如，武汉大学"习近平新时代中国特色社会主义思想概论"课，除了设置关于历史地位、经济、政治、文化、社会、生态、军事、党建、外交等方面的专题外，还设置一个"习近平新时代中国特色社会主义思想与新时代青年"专题。江西师范大学则在遵循整体内容的情况下，设置"形成发展、理论主题、根本立场、战略愿景、战略布局、总体布局、保障条件、外交、党的领导"等专题，再设置"能力建设"以及"争做堪当民族复兴大任的时代新人"专题，也设置了"11+1"中的"1"，即"习近平新时代中国特色社会主义思想最新发展"专题。民族类高校、国防类高校等都可以结合自身学校的特色与专长，将一些专题设置得更加鲜活、生动、有感染力。

第三，在内容讲述上，做到逻辑严密与详略得当相兼顾。习近平新时代中国特色社会主义思想，内容丰富，在有限的学时内，无法做到每部分都详

---

① 李冉、李国泉：《"习近平新时代中国特色社会主义思想概论"课建设的若干思考》，《思想理论教育》2021 年第 4 期，第 69 页。

细讲解。这就需要结合实际，既讲清楚每个部分之间的逻辑关系，也要逻辑严密地呈现得当内容，同时还要在安排上做到详略得当。如在讲述习近平新时代中国特色社会主义思想为什么是当代中国马克思主义、21 世纪马克思主义时，可以分四个层次逐步展开，首先，习近平新时代中国特色社会主义思想是马克思主义，进而它是对马克思主义的继承和发展，由此指明它是当代中国马克思主义，最后升华为它是 21 世纪马克思主义。还有关于"党的领导：中国特色社会主义的最本质特征"这个专题，可以从理论逻辑、现实逻辑和历史逻辑的思路进行教学内容设计。在内容上，还可以将理论逻辑、历史逻辑、现实逻辑结合相应的案例充实、丰富、拓展课程内容的完整性和多样性。从一个整体和融会贯通体系的角度，将理论阐释、精神领会、案例呈现、生活体验、积极践行等，每一个环节、每一个部分都切实融入学生的生活，助力学生身心健康发展。使学生在脱离了学校的生活之后依然能够自觉坚持四个自信，自觉践行案例中所蕴含的各种精神。增强学生对习近平新时代中国特色社会主义思想的理论认同和情感认同，并将认同和实践相结合。

四、丰富"习近平新时代中国特色社会主义思想概论"课教学手段和形式

好的教学手段和途径是教师向学生传递习近平新时代中国特色社会主义思想精神的重要桥梁。用心打造教学"招牌课"、金课，离不开科学的教学管理、丰富的教学手段和多样化的教学途径。在课程中注重方法和策略，设置多样化的教学手段和途径，合理运用多种教学方法，是打造"习近平新时代中国特色社会主义思想概论"金课的题中应有之义。

第一，专题式教学与实践锻炼相统一。在首届"习近平新时代中国特色社会主义思想概论"课多校联动集体备课会议中，已经开设这个课程的

参会学校，几乎都采取了专题式模式，尽管每个学校设置的专题不尽相同。很多学校也采用了专题式教学与实践锻炼相统一的方式。如江西师范大学在"习近平新时代中国特色社会主义思想概论"课程中，在设置了 12 个专题后，还设置了实践环节，即"学生课堂诵读+课后诵读+假期宣讲"的形式。西北政法大学结合"00 后"大学生的特点，探讨了实践教学方法，并分享了"1+N"的实践教学模式，"1"即布置一个课堂实践活动题目和任务，"N"就是学生运用多样化的方式完成课堂实践活动任务。这些专题式教学与实践锻炼相结合的形式，具有重要的参考价值。

第二，学理剖析与问题启发相同步。为达到上述的"习近平新时代中国特色社会主义思想概论"金课标准和要求，做到"讲清讲准地位，讲好讲活历史，讲精讲深内容，讲明讲透任务"，就需要有较强的学理性，对相应内容进行深入的学理剖析。"习近平新时代中国特色社会主义思想概论"课的阐释、讲授、交流、讨论等环节都充满了大视野、新思维、高理念、强逻辑等。正如习近平总书记所说的："思政课上学生会提一些尖锐敏感的问题，往往涉及深层次理论和实践问题，把这些问题讲清楚讲透彻并不容易。"① 因此，任课教师要在理论上和学理层面更深刻地解读、把握和阐释习近平新时代中国特色社会主义思想。这直接关系到是否能够说服学生，能否让学生掌握好理论武器的关键问题。另外，任课老师既要善于设置问题，引导学生思考，也要在回答学生提问中体现出思考这个问题背后所运用的科学思维方式、逻辑方法以及理论视野。这直接关系到是否能够引导学生逐渐形成科学的思维方式和科学的世界观的核心问题。可以说，在回答学生提出的尖锐问题的时候，既是对教师的考验，也是对学生是否认可这门课程具有真理性、吸引力、感染力的高阶挑战。在首届"习近平新时代中国特色社会主义思想概论"课多校联动集体备课会议中，张莉采用的问题链教学法、车放采用的问题驱动式教学模式、肖孟夏采用的"以问题为导向，以案例

---

① 习近平：《思政课是落实立德树人根本任务的关键课程》，《求是》2020 年第 17 期。

为依托"的研讨式教学方式，都是问题启发的重要方式。

第三，多种类型课堂与线上线下相结合。从目前全国的思想政治理论课改革来看，采用的课堂类型多种多样，这是新时代载体创新的重要体现。在"互联网+教育"的背景下，要充分运用新技术创新教学模式。如平台课、慕课、智慧课堂、混合课堂、翻转课堂等。在新冠疫情发生之后，为满足教学需要，线上教学的形式得到了前所未有的推广和应用。因此，在新时代背景下讲好"习近平新时代中国特色社会主义思想概论"课，要充分运用现有的技术资源，做到多种教学类型、多种教学模式的相互交叉与结合。这样的"习近平新时代中国特色社会主义思想概论"课，不仅能够受到学生的喜爱，增强教学效果，也能够体现课堂的创新性。

综上可知，要高起点打造"习近平新时代中国特色社会主义思想概论"金课，需要我们以问题驱动为导向，以学理剖析为基础，以载体创新为手段，以案例呈现为依托，以学生塑造为根本。打造金课，不仅仅是灌输理论知识的过程，更重要的是切实塑造青年学生科学的思维方式、逻辑思维能力、大历史观的理论视野和科学世界观的过程。"习近平新时代中国特色社会主义思想概论"课可以通过问题启发的方式来引导学生掌握理论；还可以分层讲、比较讲、展开讲、补充讲；也可以用问题链教学法、问题驱动式教学模式。

第二编

新时代高校思想政治理论课改革
创新的教学模式的构建研究

习近平新时代中国特色社会主义思想
有机融入高校思政课研究

唐　娟

习近平新时代中国特色社会主义思想是对马克思列宁主义、毛泽东思想、邓小平理论、"三个代表"重要思想、科学发展观的继承和发展，是马克思主义中国化的最新成果，是我们党必须长期坚持的指导思想和行动指南。高校思政课是加强意识形态建设、落实马克思主义理论教育，培养大学生思想政治素养的核心课程。思政课教育的成效直接影响着高校的职责和使命的实现。将习近平新时代中国特色社会主义思想有机融入高校思政课，对于最新理论成果的传播和思想政治理论课的建设都具有重要意义。因此，深入探索将习近平新时代中国特色社会主义思想融入思政课的必要性、可行性和重要途径，是当前亟待研究的重要课题。

一、习近平新时代中国特色社会主义
思想融入思政课的必要性

习近平新时代中国特色社会主义思想是高校思政课的理论源泉，并指导思政课的教学实践。因此，思政课建设须以习近平新时代中国特色社会主义思想为指导、支撑和保障。

（一）增强思政课培育理想信念作用的必然选择

高校思政课是落实马克思主义理论教育，培养大学生思想政治素质的关键课程。在教学过程中，要"用习近平新时代中国特色社会主义思想铸魂育人，引导学生增强中国特色社会主义道路自信、理论自信、制度自信、文化自信，厚植爱国主义情怀"①。大学时期是大学生的世界观、人生观和价值观形成的重要时期。因此，在思政课的教学中，要讲通、讲透指导思想所包含的时代内容、价值立场和研究方法，使学生听懂、学会、认同指导思想，并内化于心、外化于行，加深爱国情、树立报国志、自觉"融入坚持和发展中国特色社会主义事业、建设社会主义现代化强国、实现中华民族伟大复兴的奋斗之中"。② 那么，习近平新时代中国特色社会主义思想融入思政课，是有效发挥思政课培养学生理想信念作用，落实高校"培养担当民族复兴大任的时代新人，培育社会主义建设者和接班人的职责和使命"③ 的必然选择。

（二）增强思政课凝聚力和话语权的客观需要

习近平新时代中国特色社会主义思想融入思政课，是增强思政课凝聚力和话语权的客观需要。高校是大学生生活和学习的地方，也是各种理论、思想和观点汇聚和碰撞的重要场所。在各种理论、思想和观点中，有的能给大学生带来积极影响，有的会给大学生带来消极影响。当大学生接受进步思想

---

① 刘建军：《深入学习贯彻习近平新时代中国特色社会主义思想　有信心有能力把思政课办得越来越好》，《人民日报》2019 年 5 月 14 日第 9 版。

② 习近平：《把思想政治工作贯穿教育教学全过程　开创我国高等教育事业发展新局面》，《人民日报》2016 年 12 月 9 日第 1 版。

③ 习近平：《在北京大学师生座谈会上的讲话》，《人民日报》2018 年 5 月 2 日。

的影响，他们就更容易解放思想，拓展视野，学会用更博大的胸襟去审视不同的文化，并做出理性的选择。但是，一些落后、错误的思潮的传播，使大学生的价值参照系统表现出不稳定、多变的态势，影响大学生形成稳定的价值观。为了增强对落后、错误思潮的免疫力，大学生就要认真学习思政课，与科学理论同行，提升政治素养和站位。为了更好地发挥思政课在大学生思想文化形成中的引领作用，提升凝聚力和话语权，就需要引入习近平新时代中国特色社会主义思想，更新理论知识和研究方法，以便更好地武装学生的头脑，将学生更好地团结在党的周围。

（三）筑牢新时代思政课改革创新根基的现实需要

思政课既是一门传统学科，又是一门需要适应时代发展的前沿学科。伴随着社会经济发展过程出现的新情况、新问题和新理念，思政课也要顺应时代而改革。一方面，传统思政课存在与现代大学生发展需要相脱节的问题，需要改革。传统思政课存在学术研究不够深入、教师结构不合理、授课方式单一、评价方式不合理、学用相脱节等问题。习近平总书记强调，"要用好课堂教学这个主渠道，思想政治理论课要坚持在改进中加强"。[①] 为了提升教学效果，有必要大刀阔斧地改革创新，在"鲜活"教材内容、优化师资队伍结构、改革课堂教学方式和教学评价方式等方面下功夫。因此，将习近平新时代中国特色社会主义思想引入思政课，是新时代思政课改革创新的现实需要。另一方面，面对经济社会发展过程中出现的新情况和新问题，思政课要不断改革创新，以期更好地发挥引领和凝聚作用。目前，"中国特色社会主义进入新时代，我国社会主要矛盾已经转化为人民日益增长的美好生活需要和不平衡不充分的发展之间的矛盾"[②]。社会主要

---

① 刘建军：《深入学习贯彻习近平新时代中国特色社会主义思想　有信心有能力把思政课办得越来越好》，《人民日报》2019 年 5 月 14 日第 9 版。

② 郑永安：《发挥思政课立德树人的关键作用》，《光明日报》2019 年 5 月 28 日第 15 版。

矛盾的变化关系到全局的历史性变化，需要发挥思政课对经济社会发展的分析、引导作用，即在习近平新时代中国特色社会主义思想的指导下，分析社会主要矛盾，发现解决矛盾的方向、重点、途径。与此同时，改革创新思政课的内容，更好地引领社会思潮和服务社会建设。

二、习近平新时代中国特色社会主义思想融入思政课的可行性

习近平总书记指出，"办好思想政治理论课，最根本的是要全面贯彻党的教育方针，解决好培养什么人、怎样培养人、为谁培养人这个根本问题"①。我们的教育就是要培养社会主义建设者和接班人，培养一代又一代拥护中国共产党领导和我国社会主义制度、立志为中国特色社会主义奋斗终生的有用人才。② 习近平新时代中国特色社会主义思想关于思政课的重要论断，是新时代思政课建设的根本遵循。

（一）为办好新时代思政课指明了发展方向

习近平新时代中国特色社会主义思想关于思政课发展的重要论断，为思政课建设指明了方向。第一，明确了思政课的重要地位。思政课在维护国家意识形态安全、发挥价值引领作用、培育大学生政治素养和道德水平等方面，发挥着不可替代的作用。习近平总书记指出，我们办中国特色社会主义教育，就是要理直气壮地开好思政课，用新时代中国特色社会主义思想铸魂

---

① 孙兰英：《办好思想政治理论课，用好课堂教学这个主渠道》，中国共产党新闻网，2019 年 3 月 20 日。

② 《十九大以来重要文献选编》（上），中央文献出版社 2019 年版，第 647 页。

育人。① 第二，明确了思政课的根本任务。习近平总书记在全国高校思想政治工作会议上指出，我国教育的办学方向是"为人民服务，为中国共产党治国理政服务，为巩固和发展中国特色社会主义制度服务，为改革开放和社会主义现代化建设服务"②。为了完成这一任务，需要各方力量共同努力，各门课程形成合力。在各方力量中，高校是培养人才的重要力量；在各门课程中，思政课是落实立德树人使命的关键课程。第三，明确了思政课改革创新的方向。在深入分析思政课建设面临的主要矛盾和突出问题的基础上，习近平总书记指出，思政课必须改革创新，并提出改革的原则——"八个统一"。通过处理好八项关系，进一步增强思政课的思想性、理论性和实效性。

（二）为思政课教学内容建设提供增量资源

教学内容要服务于教育目标，并根据教育要素的变化而改变。思政课具有很强的意识形态属性和鲜明的价值导向功能，它的教学内容要随着新时代培育目标和教学目的的更新，恰如其分地转换。习近平新时代中国特色社会主义思想的丰富内容，为思政课教学内容体系和教材体系建设提供增量资源。一方面，构建更加科学的内容体系。艾四林教授指出，思政课的内容创新至关重要，要及时把习近平新时代中国特色社会主义思想融入思政课程。习近平新时代中国特色社会主义思想涵盖了社会主义建设的总目标、总任务、总体布局等主要内容，并根据新的实践，对政治、经济、文化、社会、生态、科技、民生、民族、宗教、国防等方面做出了理论分析，给出最新解答。将其融入思政课，就能确保课程内容及时跟进、反映最新理论成果，更好地满足教学需要，满足学生成长的需要。另一方面，构建更加

---

① 薛俊生：《要理直气壮开好思政课》，中国共产党新闻网，2019 年 3 月 25 日。

② 习近平：《把思想政治工作贯穿教育教学全过程　开创我国高等教育事业发展新局面》，《人民日报》2016 年 12 月 9 日第 1 版。

合理的教材体系。习近平新时代中国特色社会主义思想是反映最新的政治、经济、文化、社会、生态等方面的理论成果，是最贴近实际的理论成果。将其引入教材，有助于链接思政课教材与学生现实生活，增强大学生对教材内容的理解和认知。总之，习近平新时代中国特色社会主义思想中的新观点、新思想，写入思政课教材，能够使教材体系结构更加合理，功能更加完善。

（三）为思政课教学体系建设提供重要范本

为了实现良好的教学效果，思政课教学需要结合新时代学生的认知特点，将教学内容体系和教材体系转化为生动的教学体系。习近平新时代中国特色社会主义思想蕴含的研究范式和表达方式，为思政课教学体系的建设提供重要范本。一是为抽象理论的具体化提供借鉴。习近平总书记指出，一种价值观要真正发挥作用，必须融入社会生活，让人们在实践中感知它、领悟它。……在落细、落小、落实上下工夫。① 教师要讲好思政课，需要根据学生的实际，提炼教材理论知识，实现知识点的融会贯通；在讲通理论知识的基础上，引导学生进行理论上的思考，并运用理论分析实际，提升他们真正领悟理论知识和使用理论分析问题的能力。二是贴近学生实际，解决学生问题。习近平总书记指出，"要用群众……普遍认可的道理、有目共睹的事实教育引导群众，既教育人、引导人、鼓舞人，又尊重人、理解人、关心人，达到润物细无声的工作效果"②。在教学中，教师对学生关注的现实问题、思想困惑、理论迷惑要重视，并进行耐心解答和引导，促使学生对现实的关注、思想共鸣、理论思考转化为稳定的思想认识、政治观点和道德品质，提升学生的获得感。三是使用学生熟悉的语言和形式教学。习近平总书记

---

① 习近平：《使核心价值观的影响像空气一样无所不在》，新华网，2014 年 2 月 25 日。
② 李捷：《坚持政治家办报　确保党刊始终姓党》，中国社会科学网，2017 年 2 月 16 日。

指出，做好党的新闻舆论工作，需要采用"群众耳熟能详的语言、喜闻乐见的形式"①。在思政课的教学中，要从习近平总书记的重要讲话中学习理论智慧、表现形式和语言技巧。在教学中，教师也要借鉴这一智慧，采用同学们熟悉的案例和语言形式，运用图片、音像和影像等可视化教学形式，提升教学效果。

三、习近平新时代中国特色社会主义
思想融入思政课的途径

习近平新时代中国特色社会主义思想融入思政课，关键要找准对接点，从实施主体、载体和方法等方面探索，提升融入效果。

（一）提升思政课教师理论修为和教学水平

思政课教师承担着在新时代促进人民群众尤其是青年学生理解党的历史使命、认同党的奋斗目标、践行党的行动纲领的重大任务，是将习近平新时代中国特色社会主义思想融入思政课的重要实施主体。思政课教师的思想政治状况、对理论的熟悉程度、教学能力，对融入效果影响很大。首先，思政课教师要坚定自身的理想信念。孙兰英教授指出，思政课教师"要坚定政治方向，站稳政治立场、提升政治地位、筑牢信仰之基础，补足精神之钙"。② 只有思政课教师具备较高的政治素质、坚定的政治立场、崇高的信仰，才能更好地推进习近平新时代中国特色社会主义思想融入思政教学的全过程，更好地担当起学生思想建设引路人的责任。其次，思政课教师要认真

---

① 李捷：《坚持政治家办报　确保党刊始终姓党》，中国社会科学网，2017 年 2 月 16 日。
② 孙兰英：《新时代办好思想政治理论课的根本指南》，《红旗文稿》2019 年第 4 期，第 28 页。

学习、研究习近平新时代中国特色社会主义思想，提升自身的理论素养。习近平总书记指出，思政课想要达到很好的效果，教师"要以透彻的学理分析回应学生，以彻底的思想理论说服学生，用真理的强大力量引导学生"①。教师要做到这一点，必须深入学习指导思想，掌握指导思想的主要内容、理解其研究方法和本真精神。第三，思政课教师要不断提升自身教学技能。教师的教学技能是指在教学中，老师对教材的把握和教学组织能力。为了提升习近平新时代中国特色社会主义思想融入思政课的效果，教师要积极主动地进行教学反思，不断学习新的教学方法，提升教学技巧，把教学技能的提升当作自我提升的重要环节。

（二）找准融入的切入点、结合点和着力点

习近平新时代中国特色社会主义思想融入思政课，需要找准融入的切入点、结合点和着力点，以提升融入效果。第一，选取合理的切入点。根据我国社会主义现代化建设和思政课程内容设置的实际，选取具有重大意义和时代气息的理论，并结合学生的思想道德状况、认知水平和成长成才所必需的要素，作为结合的切入点，形成融入的突破口。第二，把握融入的结合点。根据思政课的教学大纲和习近平新时代中国特色社会主义思想的主要内容进行探讨和实践，既要钻研教材的知识内容，又要挖掘指导思想中的思想教育因素，处理好掌握知识和提高思想意识之间的关系，设计出恰当的思想教育内容与教育形式，从而形成思政学科与指导思想渗透的教育框架，形成紧密交织的融入网格。第三，找准融入的着力点。习近平新时代中国特色社会主义思想的主要内容要融入思政课，就要落到细节，将习近平新时代中国特色社会主义思想内容与思政课程教学目录对接，立足思政课的教学重点、难点，引入习近平新时代中国特色社会主义思想的最新阐释，以实现课程内容

---

① 浦虹：《把"真理的味道"讲出来》，《光明日报》2019 年 6 月 18 日第 14 版。

与习近平新时代中国特色社会主义思想的有机结合。

（三）采用"线上"＋"线下"教学的融入形式

为了实现习近平新时代中国特色社会主义思想融入思政课，需要采用"线下"面授教学、实践教学、"线上"网络教学等多种形式，提升融入效果。第一，加强课堂教学技巧，提升融入效果。课堂教学是习近平新时代中国特色社会主义思想融入思政课的重要形式。为了提升融入效果，在语言上，教师要将指导思想的文本语言转换为口头语言，让理论变成生动的道理，让根本方法变成可以运用的办法。在教学技术上，教师要借助新技术、新媒体，用学生容易接受的方式，呈现教学内容，运用新媒体把教学内容以形象、生动的形式展示出来。第二，加强课外实践教学，提升融入实效。以教学中的重点、难点、热点问题为契机，引导学生参与社区活动、企业实习、参观爱国主义教育基地、参加法庭日活动等形式，在实际活动中，去发现问题，体会指导思想，进而学会使用指导思想分析问题和解决问题。第三，加强课后的交流与互动。通过课后学习指导、日常问题答疑、树立学习榜样等多种形式，最大限度地实现指导思想融入思政课的覆盖面，巩固和深化学生对指导思想的认识，提高学习的主动性，增强学习的实效性。

总之，习近平新时代中国特色社会主义思想是马克思主义中国化的最新成果，是 21 世纪的马克思主义学说，是我们进行思政教育和建设的重要遵循。思政课是促使最新理论宣传，并进行实践的重要途径。通过思政课，加强了习近平新时代中国特色社会主义思想在学生中的教育，提升了学生的思想素养和道德品质，将他们锻造为中国特色社会主义事业的建设者和接班人。习近平新时代中国特色社会主义思想引入思政课，就是全方位地融入思政课，进入教材，进入课堂，指导思政课教材的修订、教育形式的创新，提升思政课教材质量和教学效果。更重要的是，要使理论入脑入心，让学生可以更深刻地领会党中央治国理政的新理念、新思想、新战略，武装头脑，使他们成为社会主义核心价值观的坚定信仰者、积极传播者、模范践行者，成为符合政治要求的人才。

思政课教学重在以理服人

李　兵

提高高校思想政治理论课（本文以下简称"思政课"）的教学质量与效果，提升思政课的到课率、抬头率和点头率，增强学生在思政课上的获得感，是近年来议论较多的话题，也是思政课不懈追求的目标。应该看到，经过不断地建设和改革，思政课的总体教学质量和效果的确有了明显的提升，甚至还出现不少"网红课"和"大神级"的教师，这无疑是可喜的现象。但是，也应该看到，"一些教师对教学形式的改革创新关注较多，对教学内容的创新拓展关注不够"①。更应该引起警觉和重视的是，还出现了某种形式大于内容的"泛娱乐"化倾向，将高校的思政课降低到小学乃至幼儿园"哄孩子"的水平，乍一看，课堂气氛很活跃，有说有笑、又唱又跳，一会儿是情景剧，一会儿是模拟现场，的确好不热闹！然而，不仅大学课堂应有的严谨性、深刻性、学理性荡然无存，而且思政课本身应该传达的思想内容和价值导向，也变得十分暧昧和模糊。因此，在当前思政课改革创新持续走热的背景下，我们更需要"面向事情本身"进行冷静的思考：思政课改革的关键何在？着力点到底应该落在什么地方？我以为，还是要坚持"内容为王"，引导教师在"以理服人"上下功夫。

---

① 陈金龙：《提高教学实效须坚持"内容为王"》，《人民日报》2019年1月5日。

一、思政课不能丢掉"理论"二字

北京大学的陈占安教授在论及高校思政课的定位时，曾特别提到这个问题，他强调，高校的思政课，全称是思想政治理论课，但人们往往有意无意地忽略了"理论"二字的重要性。事实上，"理论"二字在高校思政课中的分量非常重，它不仅是区别于中小学思政课的地方，也是大学思政课教学的着力点所在。大学思政课本质上是理论课。无论是本科生的思政课，还是博士生、硕士生的思政课，应该说理论性都是很强的，如果不能以恰当的方式，将这些课程内在固有的理论说服力、逻辑征服力、思想穿透力展现出来，且不说能不能真正达到培养学生世界观、人生观、价值观，为学生一生的成长奠定科学的思想基础的效果，甚至都很难满足大学生在理智上的需求。

不知什么缘由，一提理论，总是与抽象、晦涩、枯燥、乏味等词汇联系在一起，人们还常常以一句名言——一切理论都是灰色的，唯生命之树常青——来为诋毁理论佐证。毋庸讳言，科学理论作为反映事物本质和规律的概念系统或知识体系，的确不像经验世界、常识世界中的现象那样具体、生动、鲜活，它是经过理性思维加工后的观念或思想，其直接的表现形式就是一套有着内在逻辑的概念系统。然而，却是人区别于动物的理解世界、把握世界的基本方式。列宁在《黑格尔〈逻辑学〉一书摘要》中摘录了黑格尔的这样一段话："凡是没有思维和概念的对象，就是一种表象或者甚至只是一个名称；只有在思维和概念的规定中，对象才是它本来的那样。"列宁接着评论道："这是对的！表象和思想，二者的发展，而不是什么别的。"[①] 如果人们对事物的认识只是停留于生动感性直观的层面，那么，永远不可能触

---

① 《列宁全集》第38卷，人民出版社1979年版，第242页。

及事物的本质，把握事物的规律，因而也永远不可能真正抓住这个事物。马克思也曾说过："光是思想力求成为现实是不够的，现实本身应当力求趋向思想。"① 马克思主义理论的产生无疑是立足于工人阶级反抗资产阶级的斗争，生发于无产阶级争取人类解放和自身解放的伟大实践，然而，它的直接呈现方式却是对德国古典哲学、英国古典政治经济学和英法空想社会主义的批判，因为资本主义的本质和内在矛盾、早期无产阶级的阶级意识和诉求就蕴含在这些理论学说中，对这些学说的批判，就是对资本逻辑本质的揭露，就是对无产阶级和人民大众解放逻辑的开启。恩格斯曾针对空想社会主义说过这样一段话："以往的社会主义固然批判了现存的资本主义生产方式及其后果，但是，它不能说明这个生产方式，因而也就不能对付这个生产方式；它只能简单地把它当做坏东西抛弃掉。"② 马克思正是因为揭示了人类社会发展的规律和资本主义阶段的特殊运动规律，才使社会主义从空想变成科学，从而开启了无产阶级解放运动的新纪元。

对于理论的重要性，马克思说过一段非常精辟的话："理论一经掌握群众，也会变成物质力量。理论只要说服人，就能掌握群众；而理论只要彻底，就能说服人。"③ 这段被习近平总书记多次引用的论断，道出了一个极为深刻的道理，像马克思主义学说这样真正经得起实践检验的科学理论，由于其揭示了自然、社会、人类思维发展的一般规律，洞穿了历史现象背后的本质和真谛，对任何不带阶级偏见的人来说，必定具有强大的吸引力、冲击力和感召力。习近平总书记指出："马克思主义不仅深刻地改变了世界，也深刻地改变了中国。"④ 170 多年来波澜壮阔的国际共产主义运动，100 多年来中国的革命、建设和改革，无不是马克思主义说服群众、掌握群众，变精神（理论）力量为物质力量的结果。

---

① 《马克思恩格斯选集》第 1 卷，人民出版社 2012 年版，第 11 页。
② 《马克思恩格斯文集》第 3 卷，人民出版社 2009 年版，第 545 页。
③ 《马克思恩格斯选集》第 1 卷，人民出版社 2012 年版，第 10 页。
④ 习近平：《在纪念马克思诞辰 200 周年大会上的讲话》，《人民日报》2018 年 5 月 5 日。

理论具有强大的解释、规范、引导和反思功能。① 一定意义上讲，人们的所思所想、所作所为，背后都有某种理论的支撑。恩格斯曾针对轻视哲学的自然科学家说过这样一段鞭辟入里的话："自然科学家尽管可以采取他们所愿意采取的态度，他们还得受哲学的支配。问题只在于：他们是愿意受某种蹩脚的时髦哲学的支配，还是愿意受某种建立在通晓思维历史及其成就基础上的理论思维形式的支配。"② 一些人之所以轻视理论、拒斥理论，往往是因为对理论缺乏应有的理解和反思的自觉。列宁说："没有革命的理论，就不会有革命的运动。"③ 习近平总书记说："理论上清醒，政治上才能坚定。坚定的理想信念，必须建立在对马克思主义的深刻理解之上，建立在对历史规律的深刻把握之上。"④ 这就是无产阶级政党，特别是中国共产党历来高度重视理论建设和理论武装的道理，也是我们开展思政课教学的深层理论根据。因此，丢掉了"理论"，也就丢掉了思政课的灵魂。

当然，强调理论的重要，并不是要夸大理论的地位，颠倒理论和实践的关系，无视实践在理论形成和发展中的决定作用；也不妨碍为了更好地宣讲理论、传播理论、普及理论，而针对不同对象采取各种行之有效的方式和办法，就像近年来在探索思政课教学改革中所做的那样，把思政小课堂同社会大课堂结合起来，在实践中深化学生对理论的感悟和理解。本文之所以不厌其烦地论证理论的重要性，不过是对某些矫枉过正的做法的反驳或矫正，也是对思政课本质属性的重申和捍卫。

二、思政课教师必须加强理论修养

强调思政课的理论性，重视思政课教学的说理性，必然对思政课教师的

---

① 参见孙正聿：《理想信念的理论支撑》，吉林出版集团、吉林人民出版社 2014 年版。

② 《马克思恩格斯选集》第 3 卷，人民出版社 2012 年版，第 899 页。

③ 《列宁全集》第 2 卷，人民出版社 1984 年版，第 443 页。

④ 《习近平谈治国理政》第二卷，外文出版社 2017 年版，第 35 页。

理论修养和理论功底提出更高的要求。讲课就是讲理，讲理的前提是有理。而要做到有理，就必须在提高理论修养、增强理论思维能力上投入更多的时间和精力。习近平总书记指出："要坚持不懈传播马克思主义科学理论，抓好马克思主义理论教育，为学生一生的成长奠定科学的思想基础。"① 思政课承担着教育学生树立科学的世界观、人生观和价值观，为学生一生的成长奠定科学的思想基础的使命，发挥着引导他们正确认识世界和中国发展大势、正确认识中国特色和国际比较、正确认识时代责任和历史使命、正确认识远大抱负和脚踏实地等一系列重大问题和关系的功能。无论是马克思主义基本理论的教育，还是对上述问题的解答，离开了坚实的理论功底、良好的理论素养、较强的理论思维能力，都是难以胜任的。那么，如何加强思政课教师的理论修养？我以为以下这三个积累是必不可少的。

首先是经典文献的积累。正所谓"理科靠实验，文科靠文献"。哲学（人文）社会科学本质上都是历史科学。马克思、恩格斯说："我们仅仅知道一门唯一的科学，即历史科学。"② 离开了世代人类对社会历史现象的不断认识，对社会历史规律的不懈探索，就不可能有今天我们所达到的对社会历史本质和规律的理解和把握。马克思主义无疑对此作出了划时代的贡献。然而，马克思主义的产生就是建立在对德国古典哲学、英国古典政治经济学、英法空想社会主义等前人理论成果批判性继承的基础上的。文献是理论在形成和发展中的思想凝结，是以逻辑的形式呈现给我们的认识事物或现象的历史。没有文献基础的人文社会科学，就是一些抽象概念或名词的堆砌；没有经典文本作支撑的思政课讲授，就难免陷入似是而非的现象描述或者枯燥乏味的名词解释。习近平总书记反复要求广大干部在学习理论的时候，一定要认真研读马克思主义经典著作，一定要学原文、读原著、悟原理，他还多次引用恩格斯的名言："一个民族要想站在科学的最高峰，就一刻也不能

① 《习近平谈治国理政》第二卷，外文出版社 2017 年版，第 377 页。
② 《马克思恩格斯选集》第 1 卷，人民出版社 2012 年版，第 146 页。

没有理论思维"①，是具有强烈的现实针对性的。

这里所说的文献积累，主要包括两个方面：一个是原著的研读，一个是对思想史的了解。对于思政课教师来说，读原著，就是要在马克思主义经典著作上下功夫，包括马克思主义创始人的著作和当代中国马克思主义者的著作。在观摩听课时不难发现，凡是理论功底比较深、原著钻研比较透的教师，其教学的品位和效果就大不相同，对学生的吸引力和感染力也更强。黑格尔说，哲学是历史性的思想。这个识见是深刻的。理论只有在历史性展开的过程中才会显现出它的穿透力、洞察力和征服力。对于具有以实践为基础的既一脉相承又与时俱进重要特征的马克思主义理论来说，更是只有在逻辑和历史的统一中，在这一科学理论解答时代性问题、推动人类历史发展的进程中，才能充分显现其真理的威力。因此，对人类思想史和马克思主义理论发展史的了解和熟悉，是讲好思政课的重要思想前提。

其次是思想的积累。所谓"学而不思则罔，思而不学则殆"。理论工作本质上是一种思想的事业，离开了思想，理论就成为徒具形式的语言躯壳。著名学者孙正聿教授认为，所谓思想积累，就是在思想上跟自己过不去，就是"面向事情本身"的"笨想"。结合我们思政课教学来讲，我们有多少教师真正将思政课教学和研究当成了思想的事业，又有多少教师能够做到"在思想上跟自己过不去"？也就是在一些重要的理论和现实问题上跟自己较真儿，真正把道理想明白，做到思想通透、逻辑自洽、收放自如、兵来将挡。不可否认，思政课具有很强的现实性和政治性。但这不是我们逃避思想、放弃思考的遁词，只要我们对理论有足够的自信，同时，真诚、真实、真切地进行思想，多读一些"引起头疼的书"（列宁语），多思考一些让人彻夜难眠的问题，就能增强我们理论的说服力，教学的感染力。

---

① 《马克思恩格斯选集》第3卷，人民出版社2012年版，第875页。

再次是生活的积累。20 世纪哲学解释学揭示了一个深刻的道理，理解和解释首先不是一个认识论问题，而是一个存在论的问题。任何理解都隐含着一个"前理解"，亦即理解者必须先行处在某种"解释学情景"中，才能实现理解。这个道理马克思早在 100 多年前从另外的角度也做过阐释，他说："不是意识决定生活，而是生活决定意识。""意识在任何时候都只能是被意识到了的存在，而人们的存在就是他们的现实生活过程。"① 这一"社会存在决定社会意识"的历史唯物主义基本原理是我们大家耳熟能详的，然而，却很少有人结合自身的思政课教学去琢磨其中的道理。没有深厚的生活积累，没有丰富的人生阅历，没有一定的人生历练和感悟，从书本到书本，从概念到概念，是很难把思政课讲好的。且不说能不能把马克思主义基本原理、中国特色社会主义理论逻辑给学生讲透彻，甚至教师自己对这些理论的理解可能都会成为问题。习近平总书记的著作、讲话、报告为什么读起来会令人感到亲切，容易接受他所讲的道理，这无疑与他深厚的马克思主义理论修养、中国传统文化积淀，与他博览群书、善于思考分不开，同时，也与他"七年知青岁月"、几十年基层岗位历练、重视家教家风家庭的生活方式、不断深入基层接触群众的工作作风等，有着十分重要的关系。一定意义上讲，正是后者为他奠定了坚定信念、人民情怀、思想方法和理论根基。我在研究马克思及其学说成功的奥秘时，得出了这样的结论：他实现了革命家和思想家的高度统一。因此，思政课教师在读有字书的同时，还要多读无字书，做到与时代同步伐，按照习近平总书记的要求，置身于中国特色社会主义伟大实践，不断深入实际，善于在现实中发现问题、筛选问题、研究问题、解决问题，多开展一些社会实践和社会调查活动，在了解百姓生活状况，把握群众思想脉搏的同时，个人多一些真切的人生历练和磨难，自觉将生活的积累作为思政课教师的"必修课"。

---

① 《马克思恩格斯选集》第 1 卷，人民出版社 2012 年版，第 152 页。

三、教学中如何以理服人

如果说上述三个积累是要使思政课教师做到"有理"的话，那么，余下的问题就是如何在课堂上"讲理"了。做到"有理"不易，而"有理"之后"讲理"也很困难。它对教师的逻辑思维能力、语言表达能力、情绪掌控能力等都有很高的要求。这里不去谈论讲课的技巧，而是结合思政课教学"讲理"的需要，从有效传达教学内容，增强理论说服力、感染力的角度谈几点感想。

第一，用问题引导的方式讲理。马克思曾深刻指出："主要的困难不是答案，而是问题。""问题就是时代的口号，是它表现自己精神状态的最实际的呼声。"① 爱因斯坦也曾经说过："提出一个问题往往比解决一个问题更重要。因为解决问题也许仅是一个数学上或实验上的技能而已，而提出新的问题，却需要有创造性的想象力，而且标志着科学的真正进步。"习近平总书记在哲学社会科学工作座谈会上的讲话中，列举了从古到今一系列思想家及其代表作，认为这些著作都是时代的产物，都是思考和研究当时当地社会突出矛盾和问题的结果。众所周知，中国特色社会主义理论体系，就是在回答什么是社会主义、怎样建设社会主义，建设什么样的党、怎样建设党，实现什么样的发展、怎样发展，坚持和发展什么样的中国特色社会主义、怎样坚持和发展中国特色社会主义等一系列关系国家民族前途命运的根本问题中产生、形成和发展的。理论是为解答问题而存在的，理论的创新、发展也是沿着问题本身的规律而展开的。因此，讲理论也应该遵循问题的逻辑，通过问题导入—问题分析—问题解答的"程序"来进行。这里的关键是提出什么样的问题、怎样提问题。毫无疑问，思政课一定意义上讲，就是围绕回答

---

① 《马克思恩格斯全集》第40卷，人民出版社1982年版，第289—290页。

上述一系列问题建构起来的，但要说清这些问题，还必须要在每一个大问题下设置一个层层深入的子问题系列，否则，对大问题的回答就难免流于空疏和贫乏。强调用问题导入的方式"讲理"，实际上是将学生带入这些也许他们平时并不关心或关心不多，但经过教师引导，又让他们感到与自己有切身关系的问题中，引发他们关注、启发他们思考，并通过透彻的讲理对问题作出有说服力的解答。

第二，用对象融入的方式讲理。所谓"对象融入的方式"，就是把学生带入思政课教学的内容中来。"融入"的方式有两种：一是切中学生的思想和实际问题，从他们关心、关切、关注的问题入手，将其纳入思政课相应课程的理论框架中加以把握，使问题由感性上升到理性，由名词转化为概念，由现象升华到本质。在用这种方式融入时，特别要注意的是，不能就事论事，纠缠于问题的旁枝末节，思维被经验和常识牵着鼻子走，或者用例子解释例子，用现象说明现象。大哲学家康德认为，"概念无经验则空，经验无概念则盲"。毛泽东同志曾深刻指出："我们的实践证明：感觉到了的东西，我们不能立刻理解它，只有理解了的东西才更深刻地感觉它。感觉只能解决现象问题，理论才解决本质问题。"① 没有经验事实的概念，的确很难引起人们的兴趣，但没有概念（理论）的经验事实，其实是还没有被人们理解和把握的东西。把经验纳入概念和理论的框架，使其成为可理解、可反思、可批判的对象，才能使学生不至于"乱花渐欲迷人眼"，从而达到"视而使之明，听而使之聪，思而使之正"的效果。二是把学生引入超越他们日常经验的问题中来，通过撞击他们的理论思维、培养他们的理论兴趣、激发他们的理论思维来达到将他们带入思政课教学内容中来的目的。在这一方面，吉林大学孙正聿教授为我们树立了成功的范例。例如，他常举的把学生引入哲学思考中来的例子：为什么人吃羊就天经地义，而狼吃羊我们就认为它残忍呢？再如，他以苏珊·朗格谈艺术创造为例，什么是艺术"创造"，舞蹈

① 《毛泽东选集》第1卷，人民出版社1991年版，第286页。

家是创造了胳膊还是腿？画家是创造了油彩还是画布？不是，他们什么都没有创造，但是他们创造了意义。你看，这样去引导学生，虽然提出的是一些非常识性的问题，但对大学生来说，无疑会产生强烈的吸引力和难以抗拒的魅力。当然，对于思政课教学来说，类似的纯思辨的问题或许并不太多，也没有太大意义。但我们能够从中受到启迪，尤其是"原理课""思修课"涉及很多关于"物质""意识""实践""人""道德""法"等一般性问题，就可以通过一些"超验"问题的引入，来激发学生理论学习的兴趣，最后将它们导入马克思主义解决这些问题的正确思路和结论上来。

第三，用"有我"的方式讲理。习近平总书记在谈到做好宣传思想工作的时候，常提到"为了谁、依靠谁、我是谁"这句话。"为了谁、依靠谁"，或许不难理解，但"我是谁"这个提法是十分耐人寻味的。人是思想和行为的主体。马克思曾深刻指出，"凡是有某种关系存在的地方，这种关系都是为我而存在的"。① 人是社会关系的存在物，"人的本质不是单个人所固有的抽象物，在其现实性上，它是一切社会关系的总和"②。人正是因为有了"我"，才有了关系，也正是因为有了社会关系才最终确立了"我"。无"我"的世界，不是人的世界，而是动物的世界，因为动物不对什么发生关系。课堂是一个交织着多重关系的场域。教师和学生、教和学、主导和主体就是基本的课堂关系。在课堂上，教师能够在多大程度上吸引学生、引发学生对自己讲授内容的兴趣，与教师在多大程度上把"我"带入教学中是存在很大关系的。一个在教学中无"我"（注意不是忘我）的教师，无异于一个传声筒、一个播放器，他（她）是很难打动学生的，就更不要说对学生产生思想影响、价值引领，即便知识传授也要大打折扣。习近平总书记指出，要让有信仰的人来讲信仰。思政课是思想课，它要求教师通过对科学理论思想的理解和表达去影响学生"三观"的形成和建构；思政课是政治

---

① 《马克思恩格斯选集》第 1 卷，人民出版社 2012 年版，第 161 页。
② 《马克思恩格斯选集》第 1 卷，人民出版社 2012 年版，第 135 页。

课，它要求教师要以坚定的政治信念和立场，向学生传达和阐释党的政治主张和政治观点；思政课是理论课，它要求教师要做到"有理""讲理"，用令人信服的逻辑去说服和感染学生。这样的课程最忌讳虚伪的"作秀"和空洞的说教，明明自己都不理解、不相信，却要求学生去接受。它客观地要求教师必须把一个真实的、真诚的自我投入到教学之中，用"我理解、我相信、我践行"的理论自信和自觉，来解决使学生通过思政课的学习达到真懂、真信和真用的目的。

思想政治理论课的理论"泛化"及其价值回归[①]

——基于对四川高校大学生的问卷调查

张仁枫

一、前　言

　　高校思想政治理论课的属性决定其具有较强的"理论性"特征，正因为如此，思政课才可能对大学生进行系统的有效的思想政治理论教育。[②]"理论性"的特征要求思政课的教学应该以马克思主义理论为指导，以马克思主义中国化的最新理论成果为教学重点。然而，通过问卷调查发现：当前高校大学生对思政课的理解浮于表面，超过一半的学生对思政课丧失兴趣；越来越多的学生热衷于对社会热点的探讨，缺乏对马克思主义理论的深度理解；更多的学生将"是否有利于就业"作为评判思政课好坏的标准。究其原因，思政课教学过程中教师与学生出现"双主体"的价值异化是主因，致使出现较为严重的理论庸俗化倾向。对此，应及早制定相关政策，预防思

---

　　① 本文为四川大学教改项目的阶段性成果。

　　② 曾狄、黄齐. 论高校思想政治理论课的基本性质［J］. 思想政治教育研究，2015（2）：46.

政课教学的价值异化和大学生思想的扭曲。

国内学者对思政课中的理论泛化问题早已进行过相关研究。关于思政课理论"泛化"的概念，石书臣（2014）① 认为思想政治理论的"泛化"是指把思想政治教育本科专业理解为比较宽泛的"大政治教育专业"，而忽视思想政治教育专业学科边界的现象。这种现象导致高校只有5—6门与思想政治教育直接相关的课程，更多的是其他边缘学科②。

对于思政课理论"泛化"有无危害等问题，不同的学者给出了不同的答案。孙其昂（2001）③、汪勇（2010）④ 认为，思政课理论"泛化"会影响问题解决的效果、浪费教育资源、损害政治教育，不能实现思想政治教育的教学任务。王国敏和李玉峰（2007）认为马克思主义理论泛化是导致马克思主义意识形态危机的重要原因。⑤ 而舒卫华等人（2015）则从哲学的角度认为思想政治教育的理论"泛化"对构建思想政治教育哲学用语体系具有重大意义，是新时期新语境下的哲学用语的创新表现，并强调要自觉实现思想政治教育的理论"泛化"向思想政治教育哲学用语体系构建的转化。⑥

一些学者对思政课理论"泛化"的原因进行了深入分析。吴朝国和孙群（2013）认为，造成思政课理论性缺失的根本原因在于思想政治教育存在研究范围泛化、功能与价值定位泛化、学科研究方法泛化、理论研究泛化

---

① 石书臣. 正确把握思想政治教育本科专业的学科支撑［J］. 中国高等教育，2014（8）：16.

② 这里所谓的边缘学科具体是指与马克思主义理论相关的经济学、哲学、历史学、政治学等。

③ 孙其昂. 政治教育的内涵及其在思想政治教育中的应有地位［J］. 南京师范大学学报（社会科学版），2001（4）：23.

④ 汪勇. 论思想政治教育的泛化、危害及应对［J］. 河南师范大学学报（哲学社会科学版），2010（2）：257-260.

⑤ 王国敏、李玉峰. 挑战与回应：坚守马克思主义在意识形态领域的主流地位［J］. 马克思主义研究，2007（11）：74-79.

⑥ 舒卫华、李宪伦、李恩华. 思想政治教育话语的"泛化"与思想政治教育哲学用语体系构建［J］. 学术论坛，2015（12）：177-180.

等四大问题。① 余满晖（2015）认为，思想政治教育泛化的重要原因在于高校思政课教师队伍参差不齐、专业素养不足。② 左雪松和夏道玉（2013）认为，当前大学生存在的泛生活化、泛网络化、泛政治化、泛批判化、泛单向化等问题是导致思政课理论"泛化"的主要表现和原因。③

综上所述，国内学者对高校思政课理论"泛化"问题的研究成果较丰富，集中于思政课理论"泛化"的概念和表征、理论"泛化"的危害和深层次原因等方面。在研究方法上，通过逻辑论证、定性分析进行研究的成果较多，较少以实证调研等方式进行分析。本文即从学生的角度，通过问卷调查的方式较为系统地展现了思政课教学过程中学生的理论"泛化"的表现，在此基础上分析了其危害和原因，并提出从教师和学生两方面进行价值观重构的建议。

二、高校思政课理论泛化的现状

本文通过随机发放问卷的形式对四川省部分高校大学生的思想政治理论课的学习情况进行调研，共发放问卷 1300 份，回收 1196 份，回收率为92%。调研的对象主要为已经完成了高校所有思想政治理论课的大二学生，其中男生 532 人，女生 664 人；理工科学生 744 人，文科和艺术类学生 452人。调研结果显示，当前大学生对思政课的认知和认同局限于理论外围，高校思政课的理论性流失风险和危机凸显。

1. 学生对理论知识的厌倦。思政课的理论性决定了其内容相对复杂和

---

① 吴朝国、孙群. 论思想政治教育的泛化 [J]. 思想教育研究，2013（9）：13-15.

② 余满晖. 也谈思想政治教育中引证马克思主义经典的泛化问题 [J]. 贵州师范大学学报（社会科学版），2015（4）：64-65.

③ 左雪松、夏道玉. 泛化：当代大学生理想信念教育研究亟须澄清的话题 [J]. 海南师范大学学报（社会科学版），2013（1）：125-130.

抽象。学生在接受过程中如果对此理论不感兴趣，就难以发挥自身的主观能动性，反过来又会进一步导致兴趣的丧失。在回答是否对思想政治理论课感兴趣时，只有 92 人表示非常感兴趣，占总人数的 7.69%；472 人一般感兴趣，占 39.46%；584 人不感兴趣，占 48.82%；40 人表示很反感，占 3.34%；其他为 8 人，占 0.66%，详情见图 1。由此可见，有超过一半（约 52.16%）的学生对思政课失去兴趣。这是思政课理论性流失的首要因素。

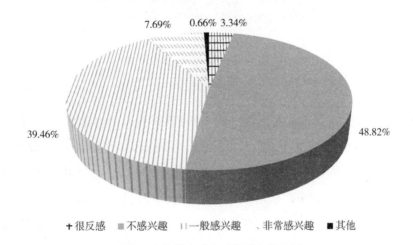

图 1　高校学生对思政课感兴趣比例

在回答对思政课不感兴趣的原因时，大部分的学生认为思政课太抽象，与现实生活的联系不紧密，甚至有人认为与自身的就业和发展没有太大关系，因此没有必要学习。突出反映了马克思主义理论课程对学生的吸引力不强。

此外，调查还显示，尽管有 820 人（占 68.56%）从未旷过课，但有 360 人有旷课经历，16 人表示经常旷课，分别占比 30.10% 和 1.33%（如图 2 所示）。超过 30% 的旷课比例也间接反映了学生对思政课的兴趣较低。

2. 重社会热点问题讨论，轻马克思主义理论分析。思政课的学习方法应该是理论联系实际，用理论指导和解释社会问题。然而，大部分的学生在课堂上热衷于就实际问题而讨论实际问题，很少用马克思主义理论来进行解

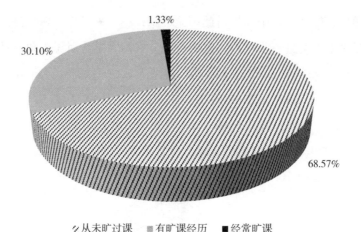

图2 高校学生思政课旷课比例

释和分析,导致理论与现实相对独立。在本次的调查中也发现,学生的讨论话题集中在社会问题领域,如医患矛盾、校园暴力、贫富差距、城市管理等。数据显示,在思政课课前PPT展示内容选择方面,有648人选择社会议题,占比高达54.18%,其他议题依次为:经济议题184人;政治议题142人;文化议题88人;生态议题84人;其他议题50人,分别占比15.38%、11.87%、7.36%、7.02%和4.18%(如图3所示)。

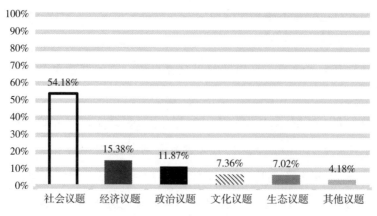

图3 学生选择讨论相关议题比例

在问及"为什么选择上述议题进行讨论的原因"（多选题）时，只有380人认为是遵照教材内容（占31.77%）；而出于其他原因的人数和比例依次为：贴近现实，容易理解和接受（860人，71.90%）、基于兴趣（432人，36.12%）、与自身的专业有关（208人，17.39%）、迎合老师和同学们的口味（132人，11.03%）、偶然决定（128人，10.70%）。

3. 将"是否有用"作为评判思政课好坏的标准。思政课作为一门公共基础课，不可能对就业起到直接的作用。但问卷调查的结果却显示，在624位对思政课不感兴趣的学生当中，有65%左右的学生认为对自身就业无用、不能解决实际问题、缺乏实践等是导致其不感兴趣的主要原因。在问及"你认为当前思想政治课中教学存在的主要问题有哪些？"时，超过70%的学生认为教材过于偏重理论，与现实结合不足。此外，更有大部分学生希望以后的思政课能多针对一些社会热点和日常生活的指导。

4. 知识获取渠道多样化，网络知识替代书本知识的趋势较为明显。网络时代，学生接触的媒介越来越多样化，不再局限于书本。调查显示，针对学生了解党的相关方针政策的途径时，多达958人次（占80.10%）选择通过网络了解党的方针政策，通过课堂、电视、报纸了解的依次为435人次、220人次和103人次，占比分别为36.37%、18.39%和8.61%。突出反映了新媒体时代高校大学生疏远马克思经典原著，热衷于新科技带来的"快餐"式知识。

三、高校思政课理论泛化的原因分析

为什么会出现思政课理论"泛化"问题？表面上看，是由于社会变迁带来学生对理论学习的兴趣缺失。实质上，思政课教学过程中教师与学生出现"双主体"价值异化是导致其理论性流失的根本原因。一方面，教师的教条式、灌输式的教学方式导致学习动力减弱，形成教师主体教学过程中的价值异化;另一方面,学生缺乏对理论学习的兴趣,导致了其对社会问题的理解脱离了马克思主义理论,最终形成对社会认知的价值异化。

1. 教师主体教学过程的价值异化。教师是实现教书育人的灵魂人物和主导者。在教学的过程中,教师的个人价值观、个人魅力、专业水平等都将对整个教学产生重大的影响。作为意识形态较为突出的思政课来说,其领域内的教师应该具有坚定的马克思主义信仰、高标准的政治要求、严肃而又活泼的教学方法及较强的问题解决能力。但现实情况是,很多高校思政课老师参差不齐,缺编问题严重,很多有能力的人才不愿从事这一领域的教学,造成实际教学过程中教师队伍本身存在不完善的问题。在实际的教学过程中,一些教师也可能存在思想意志不坚定、与主流价值观不一致、课堂纪律不严格等问题。

同时,受高校各种体制的限制,重科研轻教学的现象也广泛存在。思政课教师由于承担着全校思政课的教学任务,较之专业课教师更存在着职业怠倦、理论研究不足、晋升途径较窄等实际问题。思政课教师长期处于高压教学的环境中,缺乏对学科理论研究也是在所难免的。但这也导致很多教师课堂上讲授内容单一、脱离教材,甚至存在价值扭曲和丧失基本信仰等严重问题。

2. 学生主体社会认知的价值异化。在新媒体时代,由于信息传播的方式出现异化,传播受体与传播主体的边界日益模糊,传播关系和传播主体也开始出现泛化,学生主体在网络传播中的个性凸显,对学生的世界观、人生观和价值观产生重大的影响。① 不得不承认,改革开放 40 多年来,受经济市场化浪潮和西方自由主义思潮的影响,高校学生接触的社会媒介越来越多样化,思想也在发生深刻的变化。学生本应该专注于学习和社会实践,但在物欲横流、价值观多样化的大环境下,这种意愿都难以实现。越来越多的学

---

① 汪頔. 新媒体对"90后"大学生思想政治教育的新挑战 [J]. 思想教育研究,2010 (1):73.

生走上了一条急功近利的学习之路，学习动机不纯，学习形式日益混乱，不得不导致其价值观的扭曲。

马克思主义理论是我国思想政治教育的指导思想。马克思主义信仰是主导整个思想政治教育的精神基石。然而，当前青年学生的精神生活出现了理想信仰的世俗化、价值取向的功利化、精神世界封闭化等异化问题。① 这与思政课所提倡的核心价值观精神存在着一些差距和隔阂。因此，高校学生在思政课上表现出来的价值异化将对马克思主义信仰产生较大的冲击。

此外，在当前应试教育体制下，学生的生活世界也比较单调和重负荷。填鸭式的教学方法导致大部分的学生脱离生活实际。这种效应又反过来使得大部分的学生期望得到具体化的、实用性的、非理论化的知识和锻炼。这也从侧面反映出当前大学生在思政课上轻理论学习的趋向。

四、高校思政课理论性的价值回归

2015 年 1 月，国务院等部门印发的《关于进一步加强和改进新形势下高校宣传思想工作的意见》明确强调，要加强高校作为马克思主义理论宣传的主渠道作用，不断增强高校意识形态教育水平，努力培育和践行社会主义核心价值观，为实现中华民族伟大复兴的中国梦提供强大的理论支撑。习近平总书记也在很多场合提到了加强高校马克思主义理想信念教育的重要性。

针对思政课学生参与的理论性流失问题，应该从教师和学生两方面进行双向治理。思政课教学过程中出现的理论性缺失问题，不仅是马克思主

① 李飞、廖小琴. 异化与超越：后现代背景下青年学生的精神生活透视 [J]. 江苏高教，2015（4）：111–113.

义理论学科建设滞后、教师课堂讲授方式不合理、课堂管理存在不完善等原因导致的，也是新时期下社会环境出现变化产生学生价值观异化的结果。对此，针对这一原因探讨思政课马克思主义理论的回归具有较强的现实意义。

1. 加强马克思主义理论学科建设，提升马克思主义理论对现实问题的解释力水平。马克思主义理论作为一门显性学科，具有宏大的学科体系和理论支撑，是马克思哲学、政治经济学、科学社会主义等三大理论的结晶。因此，思政课中贯穿的马克思主义理论能够从哲学、经济学、政治学等视角对社会问题进行合理的解释。高校及其相关部门应该挖掘出马克思主义理论蕴含的深刻原理，丰富理论性知识的厚度，构建与其他学科紧密联系的学科体系。努力通过学科建设向学生讲明白马克思主义的内涵、马克思主义理论的主要科学内容，以及怎么样用马克思主义理论解答现实问题等关键问题，把附着在马克思主义理论体系上的各种非马克思主义的思想、观点剥离掉，把强加在马克思主义名称下的各种对马克思主义的误读剔除掉，[1] 还马克思主义理论一个纯洁的理论框架和发展空间。

2. 转变马克思主义理论教学的方法，实现理论的厚重性与现实生动性的有机结合。作为一门较为严谨的哲理性课程，思政课的教学方式既要抓住历史视域中的理论脉络，也要从理论中寻找到指导现实问题的规律，引出理论与现实的结合。因此，注重理论与现实结合的教学方法非常重要。在新时期，思政课教学方法必须从传统的灌输式、教条式、摊大饼式向互动式、研究型、专业化的方向转变，注重教师与学生双主体的相互作用与影响，通过学术研究创新教学内容和方法，重视马克思主义理论学科对课堂的支撑和导向作用。

3. 加强教师在思政课教学过程中的理论引导作用，及时纠正课堂中的

---

① 李昆明. 从学科定位看马克思主义理论学科建设的规范性 [J]. 思想理论教育，2011 (10)：9.

理论泛化现象。为增强说服力，人们往往会集思广益地动用宣传教育资源，开展运动式的教育活动和教育形式，也会泛化人们对于思想政治教育的理解。① 思政课教学中学生出现理论泛化问题也与社会因素有关，有时很难避免。作为思政课教师，理应考虑学科的理论属性，一旦发现学生的讨论议题脱离了马克思主义范畴，或用非马克思主义理论进行解释时，应该及时进行点评，避免学生和自身陷入理论泛化的"漩涡"。

4. 营造积极向上的校园文化，推动马克思主义理论的大众化和亲民化发展。马克思主义不是高深莫测的"神"，也绝不是被世人贴笑的"教条"。一种理论之所以具有如此旺盛的生命力，就在于其能够解决各种现实问题，为世人所用。强化马克思主义大众化不是泛化。泛化容易教条化，并不能解决实践中的所有问题。理论一旦被神化，将被置于至高无上的地位，理论就失去了对实践的指导作用。② 作为我党的指导思想，马克思主义理论更多的是一种教会我们探索世界规律的哲学方法和价值观念，并不能解决某些我们还没有触碰到的新问题和新领域。要使"高大上"的理论被大众接受和认同，就必须想方设法地将其植入人们的内心，真正为大众服务。高校可通过生动的校园标语、丰富的社团活动、高水平的理论培训、专业的学术讲座等形式，打造涵育马克思主义理论的校园风景线。

五、余　论

高校思想政治理论课既要注重解决问题的实用性，也要重视马克思主义学科的理论性。出现思政课理论"泛化"的原因很多，既有教育体制的问题，也有教师和学生双重价值异化等诱因。从学生的视角来看，纷繁复杂的

---

① 王颖. 思想政治教育：日常理解与科学概念［J］. 理论与改革，2007（5）：154.
② 秦宣. 问题与对策：提高马克思主义大众化的实效［J］. 思想理论教育导刊，2011（5）：39.

社会网络和学科建设使其理论与实际脱钩、时效性替代理论性的思想泛滥。因此，需要切实加强思政课中马克思主义理论的培养。对于教师和学生异化导致学生出现理论"泛化"的问题，可以通过提高教师自身马克思主义素养和学术水平、改善教学方法、完善教学管理、实现教师与学生之间平等对话等途径加以缓解。

高校思政课信息化教学实效性的影响因素及提升路径[①]

黄丽珊　张珊珊　雷嘉欣

在 2016 年召开的全国高校思想政治工作会议上，习近平总书记提出："要运用新媒体新技术使工作活起来，推动思想政治工作传统优势同信息技术高度融合，增强时代感和吸引力。"[②] 现代信息技术为思政课教育教学改革提供了新的手段和工具，也在很大程度上"颠覆"着传统的教学理念。2019 年 8 月，中共中央、国务院印发的《关于深化新时代学校思想政治理论课改革创新的若干意见》明确提出"要提升思政课教师信息化能力素养，推动人工智能等现代信息技术在思政课教学中应用"。信息化教学成为近年来思政课教育教学改革的一个主要发展趋势。

进入互联网时代，我国高校教育教学经历了从电化教学到多媒体教学再到信息化教学的跃升。多媒体教学是指在教学过程中，根据教学目标和教学对象的特点，合理选择和运用现代教学技术手段和信息传播媒介，以图、文、声、光影等多种媒体信息作用于接受教育者，形成合理的教学过程结构，以达到最优化的教学效果。信息化教学是指在互联网条件下"以现代

① 本文为四川大学新世纪高等教育教学改革工程（第八期）项目"思想政治理论课多媒体教学效果研究"（项目编号：SCU8121）的成果。
② 《习近平谈全国高校思想政治工作要点》，央视网新闻频道，2016 年 12 月 9 日。

教学理念、学习理念为指导，以信息技术为支持，应用现代教学方法的新教学体系"。① 信息化使现代教学在教学资源、教学设计、教学工具、教学环境以及教学组织等方面区别于传统教学，有人甚至将信息化教学带来的变革称之为"颠覆式创新"，是一场"教育革命"。②

一、高校思政课由多媒体教学到信息化教学的发展

我国高校思政课教学与其他课程的信息化建设同样经历了 3 个主要发展阶段。第一阶段，自 20 世纪 80 年代后期，幻灯、投影、录音、录像等设备开始运用于一些高校的思政课教学中，这种教学技术又称多媒体组合教学或电化教学，主要应用于远程教学、大班化教学和少数对教学资源有特殊要求的课程中。这一阶段由于高校普遍存在教学设备投入有限、硬件设施不足的问题，加上大班化教学模式等因素，因此多媒体教学只是课堂教学的一种辅助性手段，多数教师还是使用传统的"教材+黑板"的课堂讲授方式。

第二阶段，20 世纪 90 年代以后，随着计算机的普及，基于计算机软件和网络平台的多媒体教学技术日益发展，多媒体教学手段日益丰富起来，可集合图片、视频、音频、动画等类型的教学资源的电子课件（PPT）由于教学信息量增大、教学手段灵活，被普遍运用于课堂教学，高校思政课教学也不例外。如思政课"98"方案实施后，四川省教育厅及四川省高校思政课学会专门组织制作了多媒体课件供全省高校共享使用，推动了四川省高校思政课教学质量的提升，也促进了思政课多媒体教学的发展。同时，全国其他高校和一些出版机构也相继制作和出版了思政课多媒体教学资源，涌现了一

---

① 吴彦文主编：《信息化环境下的教学设计与实践》，清华大学出版社 2018 年版，第 2 页。
② 迈克尔·霍恩、希瑟·斯特克：《混合式学习：用颠覆式创新推动教育革命》，聂风华、徐铁英译，机械工业出版社 2019 年版，第 1 页。

批在思政课多媒体教学改革方面卓有成效的教师，如上海大学的李梁及其团队等。但是，从总体上看，相较于传统的教学方法，这一阶段的多媒体课件制作耗时费力，文本、图片、视频、音频等网络资源共享程度不高，教师制作 PPT 的水平参差不齐，多媒体技术与教学相结合的效果也不尽相同。

第三阶段，即信息化教学阶段。近年来，由于第四代、第五代移动通信技术的成熟和广泛应用，社会进入"互联网+"时代。"网络课程、微课、慕课、电子书包等新型信息技术不断与各种教学模式相融合，使得'互联网+教育'迅猛发展。"① 信息技术的广泛运用使教学的交互性大大增强，教学方式更加灵活，教学资源更加丰富，多平台、多媒体的融合应用成为新的趋势。

从互联共享、课程与信息技术融合，到移动网络智能教学，高校思政课教学也在不断适应"互联网+"的变革，迈入了信息化时代。互联共享阶段以 2003 年教育部启动的高校精品课程建设为标志。其间，不少高校积极开展思政课国家级、省级精品课以及精品课程网站（后改为课程资源共享平台）的建设工作，提供了一批优质的思政课教学资源如教学视频、学习参考资料、练习题、考试题等上网供师生学习。至今各校课程资源共享平台仍然在持续更新使用中，为思政课教学质量的全面提升提供了条件和支持。随着各种信息化教学工具如演示工具、资源管理工具、交流工具、测评工具等的开发应用，信息化教学进入课程与信息技术进一步融合的阶段。其显著的标志是以 Moodle、超星学习通、爱课堂、雨课堂、智慧树等一批集成化的网络教学平台的出现，为利用互联网教学提供了完整的、自动化管理的教学环境。而基于信息化教学平台的慕课建设，成为深化思政课教学改革的新途径。

进入移动互联网的 4G、5G 时代，移动学习终端普及化，学习活动不再局限于有形的教室课堂，成为可以随时随地进行、无时无处不在的活动。除

———————

① 吴彦文主编：《信息化环境下的教学设计与实践》，清华大学出版社 2018 年版，第 2 页。

此之外，随着高校智慧教室的建设，学习通、爱课堂、雨课堂平台以及云计算技术将课堂教学带入智能化教学阶段。

由于移动终端（手机）的广泛使用，教师的教学平台更加丰富，教学手段更加多样，学生的学习时间和空间更加灵活，对技术的依赖也更加突出。教学活动的参与者由教师与学生双方扩展为教师—技术服务—学生三方，教学活动的构成要素也变得更加多样化、复杂化。

二、信息化教学模式对思政课教学带来的影响

首先，多媒体及信息化教学使思政课教学主体要素发生了变化。传统意义上的思想政治教育主体是指具有一定教育能力并从事思想政治教育活动的人，通常是思想政治教育的教育者；而教育对象则是思想政治教育活动的客体。随着社会的发展，尤其是信息社会的到来，人们的主体意识不断增强，受教育者由"客体"或"主体性的客体"上升为"主体"，形成了思想政治教育主客体关系的"双主体"结构。在 MOOC、翻转课堂等信息化教学活动中，学生自主学习、参与线上线下课堂讨论，并成为网络互动的发起者、参与者、评价者及信息提供者。教师和学生的关系由教导者与被教导者变成平等对话者、共同参与者，大大激发了学生的学习积极性、主动性和主体责任意识。学生在学习内容选择、学习时间分配、学习程度把握上都有更加充分的自主性，学习活动更加个性化。

其次，多媒体和信息化教学促进了思政课教学过程要素的改变。一是教学结构的改变。张耀灿等学者认为："在我国，'教师讲、学生听，教师写、学生记，教师问、学生答'的教育、教学模式，和'教师中心'的观点，以及思想政治教育的知识化倾向，都是传统教育的表现。"[1] 信息化教学突

---

① 张耀灿、郑永廷等：《现代思想政治教育学》，人民出版社 2006 年版，第 270 页。

破了传统教学结构模式，由教师绝对主导让位于学生自主学习，由重知识传授改变为重批判性思维能力养成，由系统的线性化教学变为碎片化的点状分布式学习，由课上课下变为线上线下，等等。二是教学媒介的改变。信息化教学的现代化硬件设施和丰富的多媒体介质使思政课教学内容的呈现更加丰富、生动、形象，并且教学资源能够实时更新；教学不再依靠一本书、一支粉笔、一块黑板，思政课教学更具有感染力。多媒体手段的不断丰富和信息化技术的不断创新，要求思政课教师要更加重视教学环节的设计，才能充分运用现代化的教学硬件和软件以提高教学质量。三是教学评价方式由结果评价转变为全过程评价。传统课堂教学的评价重视学习结果，以考试为学业成绩的主要评价方式。信息化教学的评价注重学习过程，在每个教学环节都可以进行评价，由单一维度的评价变为多维度的评价，由静态评价变为动态评价。如慕课可以在学习每段视频或每个章节后进行评价，不仅有对知识学习掌握程度的评价，学生参与课堂讨论、平台互动、学习行为管理等环节的表现都纳入过程评价中，评价更加真实、合理、全面。教学评价的手段也更加多样化，包括教师主观评价、学生互评、平台软件自动评分及数据分析等。教师可以及时了解学生学习的情况，并据此调整教学。

第三，思政课环境要素发生了改变。教学不再局限于实体课堂，网络课堂、虚拟教室、虚拟社区等利用网络技术创设的教学情境，使教学空间由实变虚，由相对封闭的空间扩展为开放性空间。教学空间的拓展实现了不同高校师生间的相互交流、共同学习，不仅为优质思政课教学资源的全国共享提供了可能，也是教育公平的体现。同时，网络课堂跨时空的特点使学习更加灵活，在由于特殊情况而无法正常开展课堂教学的情况下，信息化教学具有其显著的优势，例如新冠疫情发生后，网络在线教学成为各类学校应急的主要手段，使教学活动能够在特殊情况下得以进行。而信息化教学所依赖的服务器容量、网络速度（带宽、流量）、电脑、移动端、网络教学平台等都成为环境因素的组成部分。

三、高校思政课信息化教学实效性的影响因素

多媒体教学系统主要由教师端和学生端组成。随着教学硬件和软件的升级换代，信息化时代的多媒体教学功能有了新的拓展，如教师端的视频直播、屏幕演示、示范教学、区域广播、电子白板、发送信息、分组讨论、随堂测试、文件传输、派发作业、回收作业、班级模型、电子点名等；学生端的电子举手、作业提交、屏幕录制、屏幕回放、在线消息、任务接收、教学讨论等。影响信息化教学实效性的因素变得更加多样化、复杂化。

第一，从思政课教学主导性主体来看，首先是对信息化教学的发展趋势认识不足。主要表现为：有的高校管理者和教师对互联网、信息技术对教育教学发展的影响了解不多、研究不透，处于观望、疑惑的状态，政策与措施没能及时跟上，致使思政课信息化教学改革滞后于其他课程，信息技术与思政课教育教学的深度融合还很不够。有的对信息化教学规律认识不够，将思政课信息化教学看作是普通的网络教学，或者是传统课堂教学的视频化；或者夸大信息化技术手段在教学中的作用，盲目追求设备的升级换代和技术的花样翻新而忽略教学内容的深化，走向了另一个极端。不论是对思政课信息化教学的漠视，还是对思政课信息化教学的夸大，都不利于思政课教学改革的良性发展。大学生的思想认识及道德品质有其自身发展规律，思政课教学也有其自身规律，"教师必须了解学生，尽可能多地面对面与学生接触、交流、互动，了解学生的思想实际，掌握他们的思想动态，这是做人的思想政治工作具有的普遍规律，思政课提高教学有效性也必须遵循这条规律"[1]。

其次是教师掌握和运用信息技术的能力不足。教师是影响思政课教学实

---

① 顾钰民：《高校思想政治理论课改革"慕课热"以后的"冷思考"》，《思想理论教育导刊》2016 年第 1 期，第 115—117、122 页。

效性的关键因素。不少思政课教师已经意识到信息化教学改革不可避免，积极适应信息化时代对思政课的挑战，主动学习掌握和运用现代技术手段服务于教学，探索教学改革的新路，近年来在全国出现了一批深受学生喜爱的"网红"思政课教师和国家级一流在线思政课程。但是仍有一部分教师的观念还停留在多媒体教学的初级阶段，对现代信息化教学手段的运用有畏难思想，缺乏主动学习的动力，不能适应科学技术快速发展的形势对教学改革的要求，更谈不上掌握规律、深度"融合"了。同时，对信息化条件下的思政课教学规律的研究还不够深入，思政课信息化教学中的许多问题还没有从理论上厘清，教学实践上缺乏理论指导，也影响了教学的实效性。另外，对教师信息化教学素养和信息化教学能力的培训往往停留在教学经验的层面，缺乏系统性。

第二，从思政课学习主体来看，学生主动参与信息化教学的主动性、自主学习的意识和行为管理能力不足。一方面，信息化教学对学生主体的学习自主性、自觉性提出了更高要求。信息技术支持下的学习过程是由一系列信息化环境下的学习活动所构成的。在各种数字化学习资源的支持下，学习内容以分布式的形式存在于整个学习空间和知识空间中，整个学习过程都体现着自主性和灵活性，突破了传统课堂学习的共时性、同步性和空间同一性。在相对宽松、自由和开放的学习环境里，师生、生生之间面对面的交流减少了，也缺少了学习共同体的归属感、认同感和相互监督，造成个体内部学习动机不足。有的大学生甚至想方设法地利用技术漏洞应付了事、蒙混过关。另一方面，大学生的信息素养参差不齐，影响整体学习效果的评价。"利用信息技术促进学习和认知是在线学习的一项重要的信息素养，利用多种多媒体技术进行交互和学习，是一种信息技术促进合作学习的能力"。[①] 当前大学生的信息素养参差不齐，有的大学生对信息化教学条件下学习活动的变化

---

① 郑勤华、陈丽、林世员：《互联网+教育：中国 MOOCs 建设与发展》，电子工业出版社 2016 年版，第 102 页。

还不适应，在没有教师引导、同学陪伴、课堂约束的学习环境里，很容易因受到外界干扰而中断学习。相对于实体课堂学习，慕课在线学习过程更需要保持注意力的高度集中，而知识碎片化也影响教学的连贯性、一致性，对于知识整合能力较差的学生，学习效果会受影响。有的学生缺乏时间观念和计划性，存在突击学习的现象，也会影响学习的实际效果。而智慧课堂等信息化教学，需要学生更加主动地参与到教学过程中，更充分地发挥学习主体在教学活动中的作用。对此，不少学生还未能适应。

第三，信息化教学技术与思政课程教学的融合程度。信息化教学无论是慕课、微课、智慧课堂、多媒体教学、虚拟仿真等都依赖于技术设备和网络平台，因此，高校需要加大投入，提升教学硬件的现代化水平和软件建设，高校之间由此展开了竞争。有学者指出，盲目追逐技术设备高端化会将思政课教学目的导向技术，不仅无助于思政课教学实效性的提高，反而会造成大量教学资源的浪费。[①] 问题不在于硬件设施是否需要建设，而在于设备、技术如何与思政课教学内容深度融合，设备和技术是手段，"立德树人"才是思政课教学的根本目的。当思政课教师还不能熟练掌握和应用现有的信息化设备和技术时，盲目地追赶技术会导致教学改革重心的偏移，教师就无法把精力放在对教学内容的深入研究上；师生之间交流互动的阻隔，使思政课教学人文关怀的特质无法充分体现。而由于商业平台的介入，急于扩大信息化教学规模，在一定程度上导致了管理滞后、技术保障不力等问题，也影响了思政课信息化教学的实效。

四、高校思政课信息化教学实效性的提升路径

对于信息时代高等教育的发展趋势的影响，思政课主管部门和思政课教

---

① 赵庆寺：《现代信息技术与高校思政课深度融合的异化及其超越》，《学术论坛》2018年第5期，第162—163页。

师必须积极应变和超前识变，只有审时度势，以科学的态度对待信息化教学改革带来的挑战，才能在挑战中发现机遇。

一是正确认识信息化教学中教师的定位。信息化教学模式下，教师要转变教学理念，重新认识自己在教学中的角色和作用。教师不只是"专家"，更要成为学习意义建构的促进者，学习过程的引导者，学习资源的开发者，合作学习的组织者与协作者，学生学习的评价者，学习环境的管理者等。[1]多重角色对教师教学能力、课堂组织管理能力、沟通能力以及信息化技术水平都提出了更高要求，因此，信息化教学中，教师与学生一样，首先是学习者。只有主动学习和掌握现代信息技术，不断提升自己的信息化素养和信息化教学能力，才能不断适应"互联网+"时代教育教学发展的大趋势。在高校思政课教师的培训中，也应该增加信息化教育教学技术的系统培训内容。

二是科学制定思政课信息化教学方案。信息化教学改革是对传统教学理念的迭代与突破创新，不断尝试和总结经验，思政课信息化教学才能不断走向成熟。由于校情的不同，各高校思政课的信息化建设存在差异，要避免盲目跟风、一哄而上，浪费资源。以高校思政课慕课建设为例，目前有引进、自建、联合建设和国家级精品在线课程等不同建设方案，教学模式也有SPOC、翻转课堂、混合式教学等不同模式，学校可根据已有教学资源、师资队伍和学生学情等分别选择适合的教学方案，扬长避短，有所为有所不为。要加强对信息化条件下思政课教学规律的研究，例如，如何在保持思政课教学内容思想性、理论性、逻辑性特质的同时，利用信息化教学手段使思政课教学更具生动性、互动性和趣味性；如何帮助学生在碎片化的网络学习中完成对知识体系的建构，如何激发学生主体参与信息化教学过程的主动性，如何促进学生学习行为的有效管理，如何使教学评价更加科学等。信息化教学设计不仅是教师的任务，还需要网络教学平台及技术支持人员，乃至学生的共同参与，如何形成多方稳定、高效、协同合作的教学共同体，这些

---

[1] 吴彦文主编：《信息化环境下的教学设计与实践》，清华大学出版社 2018 年版，第 9 页。

问题都值得进一步深入探讨。

三是激发大学生参与信息化教学过程的主体积极性。思政课慕课教学对大学生的学习自觉性、积极性和自我管理能力提出了更高要求，在思政课信息化教学中，无论采用何种技术手段，都是为了能更好地达到思政课育人的根本教学目的。一方面，教师在教学设计中需要注重问题导向，瞄准大学生思想上的靶点、情感上的共鸣点，利用教育信息技术创设生动的学习情境，激发大学生的学习动机，帮助大学生主动完成知识的意义建构；另一方面，思政课信息化教学要制定更科学合理的成绩评定方法，变传统教学重结果轻过程为过程与结果并重，引导学生认真投入到思政课的学习，鼓励学生深度参与教学改革实践。改变单一的教师考评为包括学生互评在内的多样化、动态化考评，并将学习过程中的行为管理和诚信纳入考评中。信息化教学对大学生学习过程中的诚信行为和自我管理能力提出了更高要求，而这本身也是衡量、考评学生思想道德水平的重要尺度。

高校思政课教学改革从多媒体时代走向信息化时代，是"互联网+教育"作用于思政课教育教学的必然趋势，思政课教学的信息化建设是主动回应现代科学技术发展对教育的挑战的必然选择。面对挑战，思政课应始终坚持以"立德树人"为根本，将传统思想政治理论课的优势同日新月异的现代信息技术高度融合起来，重塑教学理念，激活课堂教学，拓展教学空间，增进师生互动，努力探索信息化教学改革的规律，为切实提高思政课的实效性开辟新的路径。

高校思想政治理论课翻转
课堂教学调研报告①

陈梅芳

一、调研背景和现状

（一）调研背景

网络信息技术的发达悄然改变着大学生的学习方式，这一改变要求高校一线教师在课堂教学方式上予以回应，探索和研究适应时代发展需求的教学模式。目前我国高校思想政治理论课教师已经在积极探索和实践适应时代变迁的教学模式，"翻转课堂"教学模式就是其中最为主要的一种新型教学模式。而今，高校思想政治理论课存在传统教学模式与新型教学模式（新型教学模式以"翻转课堂"教学模式为典型代表）并存的局面，二者孰优孰劣、翻转课堂的有效性如何等问题都需要一线思想政治理论课教师在教学实践中进行实证研究。

① 本文系四川大学新世纪高等教育教学改革工程（第八期）研究项目"高校思想政治理论课翻转课堂的理论与实践研究"的研究成果之一。

（二）高校思想政治理论课翻转课堂的理论研究与实践现状

随着翻转课堂在全国教育系统的推进，翻转课堂教学模式在思想政治理论课中被逐步实践，相应研究也迅猛增长，取得了众多研究成果和实践成果。

从理论研究上看，2013 年刘震和曹泽熙发表了《翻转课堂教学模式在思想政治理论课上的实践与思考》，2014 年 8 月北京大学数字化学习研究中心主任汪琼教授主讲 MOOC "翻转课堂教学法" 在网易公开课上线，2014 年北京大学元培学院孙华发表《大学生思政课翻转课堂教学改革探索研究》，掀起了高校思想政治理论课引入翻转课堂的实践和研究热潮。从 2013 年至今，关于高校思想政治理论课与翻转课堂的研究论文呈现逐年增长的态势。以中国知网数据库提供的文献资料为参照，以 "翻转课堂" "高校思想政治理论课" 为主题、以 "翻转课堂" 为关键词精确搜索，共搜索到文献 158 篇，其中 135 篇期刊文献、23 篇硕士论文。这些文献主要涉及 "翻转课堂的起源、内涵和特征" "翻转课堂与传统课堂的比较" "翻转课堂在高校思想政治理论课中的实践运用" "高校思想政治理论课翻转课堂的可行性分析" "高校思想政治理论课翻转课堂存在的问题和挑战" "对高校思想政治理论课翻转课堂的反思" 等方面。从教学实践上看，高校思想政治理论课的网络课程建设推动了高校思想政治理论课翻转课堂的教学实践。在智慧树、爱课程网、超星慕课、清华在线、学堂在线、东西部联盟等网络平台的思想政治理论课在线课程的支撑下，部分高校思想政治理论课开始运用翻转课堂教学模式。

虽然目前高校思想政治理论课翻转课堂在理论研究和教学实践上都取得了不错的成就，但对于高校思想政治理论课翻转课堂教学模式的适用范围、可行性、有效性等方面还需要进一步做实证研究，而这些研究需要建立在对高校思想政治理论课翻转课堂教学状况进行调研的基础上，通过对第一手的资料进行分析，才能真正为一线思想政治理论课教师的翻转课堂的教学研究和实践提供数据支撑，这是目前思想政治理论课翻转课堂研究中亟待解决的问题。

二、调研实施

（一）调研对象

调研组设计了《大学生思想政治理论课翻转课堂学习状况问卷调查》，经调研组审核通过后，借助问卷星调研平台向四川大学学生发放问卷，于2020年5月收到500名大学生的问卷反馈。本次样本调研对象基本涵盖了四川大学文、理、工、医四个学科方向的学生，其中文科生占17.36%，理科生占23.61%，工科生占46.53%，医科生占12.5%，问卷调查范围覆盖面和调研对象的针对性均能满足本次思想政治理论课翻转课堂教学现状的调研目的。

（二）调研内容

本次调研主要针对目前思想政治理论课翻转课堂的可行性、有效性、可改进性等问题，内容包括学生对于思想政治理论课翻转课堂和传统课堂的喜好比较、学生对于思想政治理论课翻转课堂学习过程的完成情况和存在问题、学生对于思想政治理论课翻转课堂学习效果的评价、学生对于一堂好的思想政治理论课翻转课堂的看法等方面的问题，客观地反映思想政治理论课翻转课堂的教学现状，为思想政治理论课的教学研究提供实证数据，为思想政治理论课的教学实践提出改进方案。

三、调研数据及其分析

（一）学生对于思想政治理论课翻转课堂和传统课堂的喜好比较方面的数据及其分析

1. 学生对于翻转课堂的兴趣。79.63%的学生认为翻转课堂能提高学习兴趣，20.37%的学生认为翻转课堂不能提高学习兴趣。其中，在认为能提高学习兴趣的学生中，17.36%的学生认为翻转课堂能很大提高学习兴趣，而62.27%的学生则认为能提高一点。

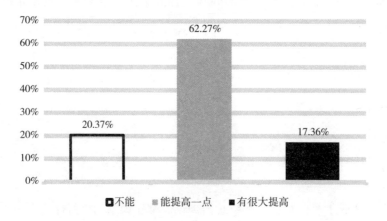

2. 学生对于传统课堂教学模式的喜好。26.39%的学生表示喜欢，42.13%的学生表示较喜欢，29.63%的学生表示一般，1.85%的学生表示不喜欢。喜欢的学生占68.52%。

3. 学生对于翻转课堂的喜好。67.36%的学生喜欢翻转课堂，32.64%的学生不喜欢翻转课堂。

4. 学生对于翻转课堂与传统课堂的喜好程度比较。53.94%的学生喜欢翻转课堂，46.06%的学生喜欢传统课堂。

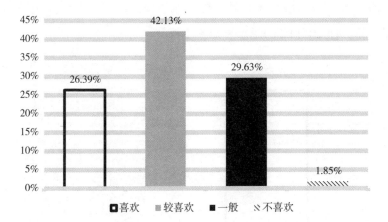

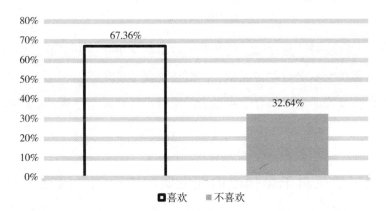

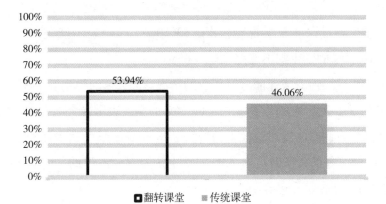

5. 学生是否支持翻转课堂教学模式在学校的推广与普及。79.86%的学生表示支持，而 20.14%的学生表示不支持。

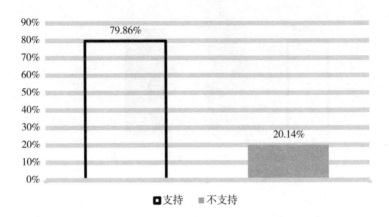

以上数据表明：翻转课堂已经开始被多数学生接受和喜欢，但也有部分同学不喜欢也不支持翻转课堂，同时传统课堂也依然对很多学生有吸引力，但喜欢传统课堂的部分学生也表示支持翻转课堂教学模式在学校推广普及。

（二）学生对于思想政治理论课翻转课堂学习过程的完成情况

1. 学生观看课前教学视频情况。83.10%的学生表示能完成视频的观看，而 16.90%的学生则不能完成视频观看。

2. 学生独立地完成课前练习作业的情况。5.32%的学生表示不能完成，77.31%的学生表示能完成部分，而 17.36%的学生表示能全部完成。

3. 学生对课堂小组讨论效果的看法。28.01%的学生认为课题小组讨论对自己的学习有很大帮助，63.43%的学生认为有一点帮助，而 8.56%的学生认为没有帮助。

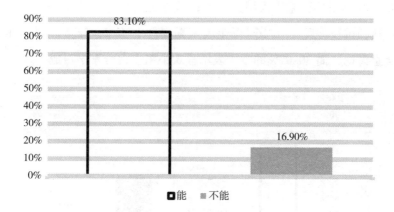

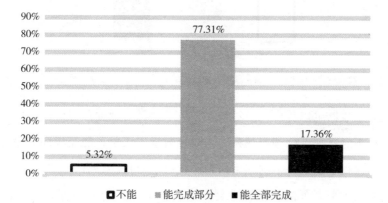

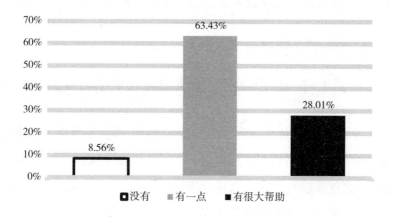

4. 学生对翻转课堂中采用的各种教学方式的喜好。71.76%的学生表示更喜欢教师讲授答疑，51.16%学生表示喜欢自主学习，52.55%的学生表示喜欢课堂讨论，而30.09%的学生表示喜欢小组上台分享学习成果。

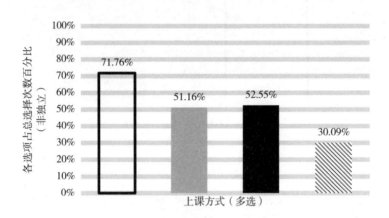

从上述数据可以看出：虽然绝大多数学生都有课前预习，但是也有部分学生表示不能看完课前预习视频，同时多数学生表示只能完成部分课前预习作业。而课程中超过一半的学生认为课堂讨论对自己只有一点帮助，学生更喜欢实体课堂上老师的教授和答疑，这说明学生参与翻转课堂的积极性不足，同时对于课堂讨论的深度不够，无法更加深刻地影响学生和提升学生能力。

（三）学生对于思想政治理论课翻转课堂学习效果的评价

1. 在与传统课堂对比中，学生对于翻转课堂学习效果方面的看法。50.93%的学生认为翻转课堂更加有利于针对性地解决问题，40.74%的学生认为能够学到更多东西，35.19%的学生认为能够更久地掌握知识，但也有15.51%的学生认为二者没有什么区别。

2. 与传统课堂教学相比，学生对于翻转课堂是否更利于学生自学能力

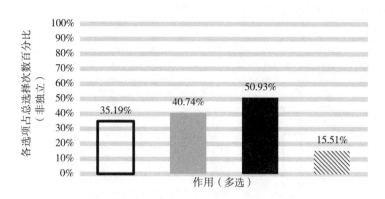

图例：
■ 有利于知识掌握的更加长久　　■ 能够学到更多东西
■ 能够更有针对性地解决问题　　⊠ 没有什么区别

的培养和提高方面的看法。16.67%的学生认为非常有利，而58.57%的学生认为较为有利，21.06%的学生表示不知道，3.24%的学生认为不利，0.46%的学生认为非常不利。

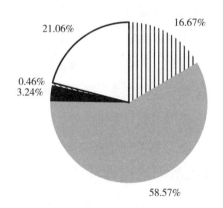

图例：
‖ 非常有利　　▨ 较有利　　■ 不利　　⊠ 非常不利　　□ 不知道

3.学生对于翻转课堂提高自己各种能力方面的看法。70.83%的学生认为提高了自己的独立性，70.37%的学生认为提高了自己的主动性，66.44%的学生认为提高了自己的自主学习能力，43.29%的学生认为提高了自己的自我管理能力，40.74%的学生认为提高了自己的演讲能力，38.89%的学生认为提高了自己的创造性，35.42%的学生认为提高了自己的交际能力，

16.44%的学生认为提高了自己的领导能力。

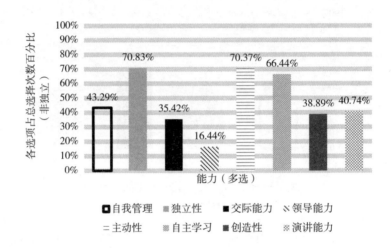

以上数据表明：大部分学生认为翻转课堂能有针对性地解决问题，能让知识掌握得更久，同时提高了他们的主动性、独立性、自主学习等能力，也有学生表示提高了自己的自我管理能力、演讲能力、交际能力、领导能力和创造性。但也有部分学生认为翻转课堂与传统课堂没有什么区别，也不知道对自己的学习能力培养有没有利，甚至有学生认为翻转课堂对自己自学能力的培养非常不利。可见，虽然对大部分学生来讲，翻转课堂确实有利于学生各种能力的培养，但也并不适用于所有学生。

（四）学生在高校政治理论课翻转课堂学习中遇到的问题及其改进方面的看法

1. 学生在翻转课堂学习时所遇到的问题。64.58%的学生认为课前预习时不能很好把握重难点，55.32%的学生认为课前预习内容多、任务重，52.08%的学生认为课前预习遇到问题时寻找求解决途径比较困难，50.00%的学生认为自律性差、不能充分完成学习任务，40.51%的学生认为课后复习不及时、对所学内容不能融会贯通。

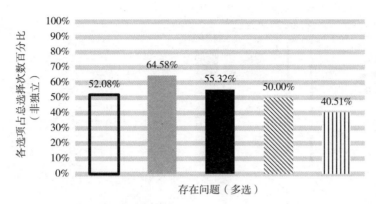

- ☐ 课前预习遇到问题时，寻找解决途径比较困难
- ▨ 课前预习时，不能很好把握重难点
- ■ 课前预习内容多，任务重
- ⊠ 自律性和主动性差，不能充分完成学习任务
- ⫴ 课后复习不及时，对所学内容不能融会贯通

2. 学生对于一堂好的翻转课堂的看法。80.09%的学生认为网络流畅，79.63%的学生认为课前自主学习了相关知识，74.31的学生认为预先了解了课堂讨论内容，69.21的学生认为教师引导作用，57.64的学生认为课堂总结很重要，55.56%的学生认为课前准备好相关讨论主题的发言稿，49.77%的学生认为分小组讨论。

3. 对于如何改进翻转课堂，学生提出了如下意见和建议。一是课前预习方面的建议和意见：课前预习时间控制在合理范围内；老师要在课前预习中积极介入，引导同学带着问题预习，同时提供重难点、学习大纲和框架、课程逻辑等，让学生有一个整体的概念和头绪。二是对课程进行中的意见和建议：提高活动程度、增加互动、调动学生的积极性和投入性、小组内打分、合理分工、设立监督机制小组对成员积极性进行评价、小组分工落实到位等方法，让偷懒的同学无处遁形；老师在实体课堂中应当积极参与，老师应当讲解重难点，应当给出课程的整体性，防止碎片化学习；引导学生扩展知识面，注重基础，同时拓展深度。三是课后的意见和建议：老师要适当进行课后引导和介入，及时回顾总结，及时答疑，不然会非常空洞。四是一些

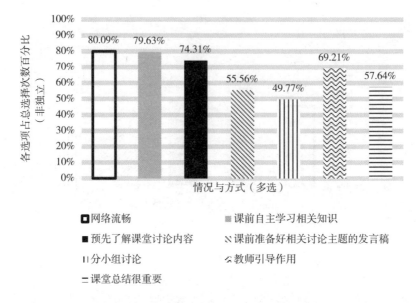

硬件方面的意见和建议：网络必须流畅，技术必须过关，所用教室要便于讨论。

以上数据表明：在客观性上由于课前任务多、难以把握重难点，没有渠道寻求帮助，主观性上学生学习自觉性、自律性差等原因是学生翻转课堂中遇到的主要问题。学生在客观条件要求主要在课前预习时间、网络条件、技术条件和教室条件上；学生在老师方面要求老师在课前、课中和课后都积极引导和介入，学生在组织方面要求建立有效的学生参与机制，防止部分学生的偷懒行为。

四、对策建议

（一）高校思想政治理论课开课方面的建议

基于翻转课堂已经开始被多数学生接受和喜欢，但也有部分同学不喜欢也不支持翻转课堂，同时传统课堂也依然对很多学生有吸引力，但喜欢传统课堂的部分学生也表示支持翻转课堂教学模式在学校推广普及等情况，对于思想政治理论课，学校既要开设传统教学模式，也要开始翻转课堂模式，供不同的学生选择，满足不同学生对不同教学模式的需求。

（二）对于高校思想政治理论课翻转课堂的课前预习考核机制和课中讨论评估机制的建议

基于虽然绝大多数学生都有课前预习，但是也有部分学生表示不能看完课前预习视频，同时多数学生表示只能完成部分课前预习作业，主观性上学生学习自觉性、自律性差等原因是学生翻转课堂中遇到的主要问题，这说明学生参与翻转课堂的积极性不足，同时对于课堂讨论的深度不够，无法更加深刻地影响学生和提升学生等情况，教师应当设置课前预习考核机制，把课前预习纳入考核，让学生能够有效完成课前预习；课程中应当设置组内讨论评估机制，合理分工，防止讨论流于形式，共同把小组讨论深入下去。

（三）对于高校思想政治理论课翻转课堂中老师介入的建议

基于学生认为在客观性上由于课前任务多、难以把握重难点、没有渠道寻求帮助，同时课程中超过一半的学生认为课堂讨论对自己只有一点帮助，学生更喜欢实体课堂上老师的教授和答疑等情况，所以老师应当在课前、课中和课后都积极引导和介入。在课前教师应当合理安排课前预习任务，在学生预习前给出预习的重难点、并通过问题导向方式引导学生有效预习；在课中老师对课程的整体性应当作出解释，并及时总结；在课后老师应当提出进一步思考的问题。

（四）对于高校思想政治理论课翻转课堂有效开展的客观条件方面的建议

基于学生提出在客观条件要求主要在课前预习时间、网络条件、技术条件和教室条件上，学校应当在网络、教室等硬件方面进行积极改善；教师应当给学生提供思想政治理论课翻转课堂的教学模型，提供一份学生学习准备和能力清单，帮助学生理解翻转课堂的意义、作用，促进学生有效学习。

大数据融入思想政治理论课：
内涵、现状与策略①

王元聪

思想政治理论课作为开展思想政治教育的载体、阵地与渠道，其设置目标是寄望通过对马克思主义科学理论的阐释与宣传，引导当代大学生塑造正确的世界观、人生观与价值观，旨在培养德才兼备、既红又专的栋梁之材。在新时代做好高校思想政治工作需要做到"因事而化、因时而进、因势而新"②，切实以思政课堂教学为载体，坚持在改进中加强，通过提升思想性、理论性、亲和力与针对性，③ 以更好地满足学生成长需求和积极回应社会期待。在互联网、云计算、智能终端纵深发展的信息化新情势之下，要确保思想政治理论课高质量发展，就必须认识到作为教学对象的大学生是数字化的受众，互联网及海量数据信息将为这些群体的学习生活带来全新体验，势必或直接或间接地影响其思想、观念、认知、行为及习惯。为此，亟须在理论

① 基金项目：四川大学马克思主义学院"名师工作室"项目（MYXS202001）；四川大学思想政治理论课教学改革工程第五期研究项目"大数据背景下思想政治理论课教学模式的逻辑理路与实践反思"；四川大学新进教师教学研修项目"高校青年教师教学能力提升研究"。
② 习近平强调：把思想政治工作贯穿教育教学全过程　开创我国高等教育事业发展新局面［J］. 中国领导科学，2017（02）：4-5.
③ 办好思想政治理论课——学习贯彻习近平总书记在学校思想政治理论课教师座谈会上的重要讲话精神［J］. 中国高校社会科学，2019（03）：4+157.

逻辑层面把握并遵循大数据发展趋势与规律，综合研判其对思想政治理论课的可能影响，在实践逻辑层面辩证探析加速推进思想政治理论课高质量发展具备的优势与机遇，以及面临的困境与挑战、科学前瞻思想政治理论课发展的内外潜能，进而靶向设置更趋合理、更为优化的课程体系，集成合力助推思想政治理论课高质量发展。

一、逻辑起点：概念、内涵及必要性

在理论上廓清大数据的概念内涵是在实践中助推思想政治理论课高质量发展的逻辑起点。有循于此，系统辨析促进大数据与思想政治理论课相互融贯的必要性，对彰显时代性、强化适应性、深化认知和细化实践，具有重大的理论意义与实践价值。

（一）概念内涵

"大数据"有广义与狭义之分。广义上的大数据是指具大容量、多样性、高速度等特征而难以进行管理的数据；① 狭义上的大数据则是在既定时间范围内超出了常用硬件环境和软件工具为其用户收集、管理和处理能力的数据②。整体而言，大数据时代是以大数据为核心的技术、管理、应用和研究等为标志的人类社会发展的新的历史时期。③ 概言之，大数据概念的提出、深入与日趋成熟，是大数据时代到来的标志。

基于概念，可以从三个维度归纳大数据时代的内涵：（1）大数据时代是呈现信息爆炸的时代，海量信息是大数据时代的基本含义，意味着大数据时代的信息量之"大"已经远远超出了肉眼可查、传统计量工具可测的范

---

① ［日］城田真琴. 大数据的冲击［M］. 北京：人民邮电出版社，2013.
② ［美］比尔·弗兰克. 驾驭大数据［M］. 北京：人民邮电出版社，2013.
③ 王婧. 大数据时代大学生道德教育研究［M］. 北京：现代教育出版社，2016.

畴，且大数据将遍布信息传播可及的任何领域，将充斥于生活、工作、学习的各个方面。（2）大数据时代是侧重分析运用的时代，规模再大再有价值的数据如果不能合理地被生产、被认知和被应用，也终将成为弃之可惜的"鸡肋"，而大数据时代则是通过有益的分析和有效的运用将食之无味的"鸡肋"熬制成美味营养的"鸡汤"，让接触数据、使用数据的主体从中汲取养分并获得益处。（3）大数据时代是倡导技术理性的时代，大数据时代一切皆可量化，一切皆能量化，一切社会现象都可以数字形式予以具象表达，大数据成了虚拟空间中变抽象为具体的技术工具，成为现实环境里服务于人类各种所需的技术手段，从本质而言大数据时代即一个提倡技术理性的时代。概言之，从信息爆炸、分析运用与技术理性三维解读大数据的内涵，通过立体化辨析有助于促进大数据与思想政治理论课深度融贯兼容。

所谓"思想政治理论课"，"05方案"对之进行了明确规定，主要是指马克思主义基本原理概论、中国近现代史纲要、毛泽东思想与中国特色社会主义理论体系概论、思想道德修养和法律基础。[①] 从内容构成看，"马原"侧重于基础性与学理性，"毛概"偏重于时代性与实践性，"史纲"偏重于历史性与过程性，"思修"偏重于应用性与现实性，四门课程既各有侧重又各司其职，既相互融贯又辩证统一，具有个体的差异性、过程的兼容性、目标的一致性等特征。从性质要义看，思想政治理论课属于公共必修课范畴，授课对象是普通高等院校所有专业所有学科的所有学生，并且是强制性必修，既是科学理论的教育与灌输，也是意识形态与政治导向的引领与匡正，还是政治思想与道德品质的形塑与锻造，因此兼具科学性、政治性和德育性特征。从功能效用看，作为高校思想政治教育的主渠道与主阵地，思想政治理论课承担着宣传阐释马克思主义理论，筑牢当代大学生理想信念基石的使命与职责，对国家富强、民族复兴和个人成长成才都具有深远意义。为此，

---

① 中宣部、教育部.《中共中央宣传部教育部关于进一步加强和改进高等学校思想政治理论课的意见》（教社政〔2005〕5号）.

在新时代助推思想政治理论课高质量发展，亟须充分考量时代背景和技术条件，才能真正做到与时俱进和名实相符。

（二）必要性廓晰

促进大数据与思想政治理论课深度融合，是为了加速助推此系列课程实现高质量发展。但从本质上看，追求高质量的思政课程体系只是手段与形式，而为国家培育优秀的复合型栋梁之材是目的与内容，亦即集中聚焦于立德树人、锻造思想和增强实效三大维度。

一是贯彻落实立德树人根本任务的战略需要。当代大学生要成长为优秀的社会主义建设者和接班人，就亟须学习掌握党的指导思想、执政理念，树立正确的"三观"，从学生时代就牢牢系好理想信念这颗扣子，进而才能以坚定的信仰和饱满的信念为如期实现"两个一百年"奋斗目标贡献力量。思想政治理论课是助推高等教育高质量发展的先锋队、排头兵和主力军，除了理论宣传之外，同时也承担着夯实高校学生理想信念的使命与职责。换言之，也就是以马克思主义的道义性、真理性与科学性，培养和塑造契合时代主题与发展趋势的世界观、人生观与价值观，在实践中能够真正活学活用马克思主义的基本立场、核心观点与科学方法，成为名副其实的"红""专"复合型社会主义优秀建设者和接班人。

二是加强与改进大学生思想政治教育的需要。作为一种全新的发展趋势与潮流，在大数据时代背景下，思想政治理论课面临的机遇与挑战将长期并存。从有益面相察看，（1）大数据可助益大学生拓展眼界与视野。新时代下社会主义现代化事业的建设者和接班人，不仅要求具有家国情怀，更需要彰显全球格局与国际视野，而日趋成熟的大数据能够满足这一现实需求。（2）大数据可助益丰富大学生思想政治教育内容。大数据具有规模大、种类多、速度快等性质特征，可为思政内容讲授与课程学习提供海量数据信息，并且凭借已有技术进行筛选过滤、研判甄别，选取契合思想教学的数据信息能够对原有课程内容形成有益补充。（3）大数据可助益教育方式的创新。作为一种现代工具和理性手段，大数据的价值需在运用的过程中才能得以真正呈现，而在思想政治理论课中引入大数据，则是工具理性与价值理性的统一，能够在客观上助推大学思政教育方式的改革创新。

三是切实提升思想政治理论课时效性的需要。调研发现，在大学生的理解认知中，高校思政理论课通常是"填鸭式""满堂灌"的同义语，而相关任课教师则是教材知识的"搬运工"，成了"迂夫子""老学究"的代名词；在教学环节，难以调动和激发学生兴趣，因而难免成为"低头族""手机控"。概言之，针对思想政治理论课普遍存在的学生出勤率低、参与度低、抬头率低等问题，与打造学生真信、真爱、毕生受益、终生难忘的优秀课程之间尚有较大差距。而在大数据背景下，教学资源可以得到极大丰富，授课教师可以突破教材的局限，采取多元手段进行课堂设计，充分结合学生的参与度和抬头率，将"要学生学习"的被动局面转化为"学生要学习"的主动优势。同时，通过大数据技术，可以增进对学生思想动态、行为偏好的了解程度，通过"备学生"量身制定不同班级的个性化教学方案，能够以"差异化"的个性优势弥补"一刀切"的固有缺陷。

二、现状研判：大数据融入思想政治理论课的机遇与挑战

大数据时代是一把"双刃剑"，机遇与挑战并存，思想政治理论课也概不能外。对于现代教育而言，信息技术的优化升级，势必会加速传统教学模式与资源要素的更新换代，相应也会倒逼或引致教学理念、方法、工具、内容等诸多环节的连锁反应。[1] 思想政治理论课建设要能够紧跟时代步伐，主

---

① 谢非、吴晓蓉. 技术在教育人类学研究中的隐匿、呈现与融合 [J]. 云南民族大学学报（哲学社会科学版），2017（06）：41-46.

动融入并积极适应大数据的趋势特征，就必须以辩证审视机遇和挑战为逻辑前提，才能真正助益实践中有针对性的优化改进。

（一）大数据时代思想政治理论课建设的机遇

要在大数据时代背景下促进思想政治理论课高质量发展，需要利用现代技术和方法对数据进行分析与挖掘，进而才能更好地助力教学改革向科学化方向发展。① 然而，要实现这一目标，就必须精准识别和定位二者之间衔接的契合点。基于概念内涵出发，可以发现大数据的基本特征能够为思想政治理论课提质增效注入能动性、活力性要素。

一是大数据的内在特质与思想政治理论课高度契合。大数据具备规模大、种类多、速度快、精准性等本质特征，能够与思想政治理论课的发展需求相契合。具体而言，（1）大数据的"规模大"特质能够契合思想政治理论课内容的系统整体性需求。具有大规模特质的大数据因为能够系统完整地呈现全域数据信息，不仅与思想政治理论课内容的结构合理性、功能互补性相恰适；而且能够全方位呈现大学生的课堂、课外等所有学习、生活、工作等不同场域，能够弥补传统思政教学中的信息捕捉盲区，充分体现了与受众对象的系统整体性相恰适的优势。（2）大数据的"类型多"特质能够契合思想政治理论课建设的对象主体化需求。运用大数据信息及技术，可助益于丰富思想政治理论课的教学形式，通过调动受众对象的积极性与能动性，促进其思维方式从单一向多元转化，并甄选系列新颖的观点、科学的方法和充盈的知识，② 有利于促进作为受众对象的学生接受理论的自主性与自觉性。（3）大数据的"高速度"特质能够契合思想政治理论课建设的时效

---

① 黄欣荣. 大数据对思想政治教育方法论的变革 [J]. 江西财经大学学报，2015（03）：94-101.
② 赵欢春. 大学生社会主义核心价值观认同路径研究 [J]. 江苏社会科学，2014（03）：7-11.

性需求。高速运行的数据信息，便于实时记录、储存与获取学生的日常行为，通过技术分析可以呈现学生的思想动态与行为倾向，进而有助于实施针对性分析、靶向性施策、常态化教育和动态化引导。（4）大数据的"精确性"特质能够契合高校思想政治理论课的个性化育人需求。大数据信息及现代技术，有助于弥补传统经验型教学中存在的固有缺陷，能够通过分析学生思想动向进而给出合乎逻辑的理性判断。此外，大数据信息技术还能够识别知识信息的效用度，可及时过滤并甄选有效信息，确保"好钢用在刀刃上"。

二是大数据系统有助于思想政治理论课提质增效。（1）倒逼教师主动提升自身综合素养。在大数据时代的教学中，思想政治理论课教师如果单凭传统的学科背景和知识积累，显然难以更好地胜任教书育人的职责，必须提升自身的数据思维及相关素养，才能更好地收集、甄别、选取和转化课程相关数据信息，才能在教学中驾轻就熟、游刃有余。（2）加速教学资源的优化整合。在思想政治理论课教学中引入大数据思维，在客观上整合"软""硬"两种资源，促进二者的有机融合和合理配置，则能够起到"1+1>2"的叠加效能。（3）助推教学模式现代化变革。在移动网络、手机终端日益普及的背景下，充分结合学生掌握、运用现代信息技术的偏好，更能凸显教学的针对性和实效性，有助于促进传统的思政教学的现代化变革。（4）增进教学过程的开放度与互动性。研究表明，教育主体运用大数据可以较为隐匿地展开意识形态宣传。① 亦即在大数据背景下，作为受众与互动对象的学生，可以在解除束缚的自由状态下进行心声展示，这便于洞察并掌握学生的真实面相与动态；同时促进线上与线下、传统与现代、纸质与电子的有机结合，既能够全方位增进师生交流，又能够及时地答疑解惑，有利于增进思政教学的开放度与互动性。

---

① 郑元景. 论大数据与国家意识形态治理方略 [J]. 宁夏社会科学，2016（04）：33-38.

（二）大数据时代思想政治理论课建设的挑战

任何事物都具有两面性，大数据之于思想政治理论课也概不能外。大数据给思想政治理论课建设带来机遇的同时，也在客观上引致了对教师主体、教学内容、授课环境及讲授模式等方面的诸多现实挑战。

一是对教师主体的挑战。一方面，冲击了教师的教育观念。在传统教学中，教师通常会在课堂上倾其所有地对学生进行知识灌输，而在大数据背景下，知识的更新速率、传播的时空范畴、师生的主客体界限都在悄然变化，因此教师亟须切换传统观念，及时摒弃不合时宜的观念、模式与方法。然而，这是一个循序渐进的过程，需要时间的消化与磨合，才能逐步构建起大数据下的全新教学思维。概言之，从对大数据下教学模式的接纳与适应到认同与践行，对教师教育观念全是挑战。另一方面，动摇了教师的主导地位。在传统的课堂教学中，教师是知识与权威的代名词，居于主导地位。而在大数据背景下，学生获取知识、观点与见解的渠道大大拓展，思维日渐活跃，能提出许多让老师猝不及防的新问题，课堂互动逐步从传统的"单向讲授"向"双向互动"转变，在此过程中，教师在课堂上的主体地位逐步削弱，这也是挑战之一。此外，还增加了教师的工作时间。传统的教学中，教师负责课堂讲授、课后留作业的任务，而在大数据背景下，学生可能会在任何时刻通过网络方式提问，这无疑会增加教师的工作时间和任务。

二是对教学内容的挑战。一方面，提升了内容的复杂程度。大数据背景下，无序涌动的海量信息良莠不齐，既有正向的也有负面的，学生在接受过程中也难免遭遇恶性内容，所以在客观上就使内容复杂性前所未。另一方面，弱化了内容的核心观点。在大数据的冲击之下，海量信息使课堂知识的核心内容被湮没和遮蔽，学生会触及若干关联性偏弱的信息，使对核心观点的接受渐趋碎片化、零散化，导致核心内容与边缘信息之间出现本末倒置、鸠占鹊巢的尴尬境地，这也是思政课内容面临的又一现实挑战。

　　三是对教学环境的挑战。一方面，改变了外部的社会环境。在大数据时代背景下，人类社会平添了虚拟空间，现代的虚拟空间与传统的实景空间相互交织叠加，随时随地都可能产生难以预测的活跃因素，导致思政课教学的外部环境发生了变化；另一方面，冲击了内在的教学环境。在大数据时代背景下，原本封闭的教学环境开始逐渐转向开放，这就在客观上增加了如何保持课堂秩序、维持活泼有序、师生对话亲密有间等现实问题。

　　四是对教学模式的挑战。一方面，课堂教学逐步弱化。大数据夹杂的海量信息，无论是速度还是数量都比传统教材与多媒体课件更具优势，学生可以通过网络教学资源获取相关知识，并且还可进行比较性的鉴别和甄选，这导致传统课堂教学逐步弱化。另一方面，实践教学日趋虚化。在大数据时代背景下，虚拟网络中出现了诸如公益活动、步数捐献、网络打卡、过关升级等模式，能够让学生在网络世界中找寻到现实模拟的感觉，这无疑会对现实教学带来虚化冲击。

三、策略甄选：大数据与思想政治
理论课深度融合的理性路径

　　在大数据时代背景下，助推思想政治理论课高质量发展的机遇与挑战并存，关键在于如何抢抓机遇和从容应对挑战。基于理论审视与现实研判，坚持以问题、过程与结果为导向，亟须从转变理念、优化环境、创新模式和拓展平台聚焦发力。

　　一是形塑大数据意识引领思政课教学理念转变。思想和行为是思想政治教育学的起点范畴，[①] 行为是思想的外在呈现，思想则能够指导或左右人的

---

　　① 张耀灿、郑永廷、吴潜涛、骆郁廷. 现代思想政治教育学 [M]. 北京：人民出版社，2006：17.

行为。教师与大学生构成了思想政治理论课的主、客体，必须积极适应并融入数据发展趋势与潮流，切合时宜地在教与学的各环节彻底转换理念。其中，作为课程讲授主体的教师，因主动尝试将"填鸭式"的满堂灌转变为"兴趣式"的主动学，把更多的时间和精力用来思考教学设计与课堂互动；作为课程学习受众的学生，则应彻底将"要我学"的被动状态切换为"我要学"的主动求知。概言之，在大数据信息与技术背景之下，通过主体与客体的共同努力，切实转换理念，有助于将对思想政治理论课程中关涉问题的感性推测升华为理性预判，并可推此即彼，适用于学习、生活和工作的各方面。

二是挖掘大数据资源促进思政课教学环境优化。优化与整合思政课环境需要着力于高效利用已有的积极正向的资源要素，同时切实将负面消极的因素转化为积极的正向因素，进而营造能够以环境促教学的良性空间氛围，能在客观上对作为教育受众的学生起到潜移默化的功效。"孟母三迁"折射的就是环境之于教育的意义与影响，能够对人的性格、习惯和行为产生感染熏陶的作用。换言之，无论处于任何发展阶段，环境都会对教育产生或积极或消极的影响。在大数据时代背景下，数据信息具有规模大、数量多、更新快等特征，因此整合网络环境要素，促进大数据资源的优化使用，更是紧迫而且必要的。具体而言，可从营造风清气正的网络媒体环境、打造高雅和谐的校园文化环境及形塑积极向上的同辈群体环境等方面着手，整合各要素集成合力促进思政课教学环境优化升级。

三是借助大数据技术助推思政课教学模式创新。教学模式介于教学理念与教学实践之间，充当着桥梁纽带的角色。先进的教学理念只有通过科学的教学模式才能得到更充分的体现。在大数据时代背景下，应深入坚持"以学生为中心"的教学理念，充分彰显学生在教与学中的主体地位。此间，亟须更加充分地运用慕课（MOOC）、微课（Microlecture）、翻转课堂（Flipped Classroom）等系列全新的教学模式。换言之，在大数据条件下创新思政理论课教学模式，必须遵循时代背景、学生实际和实践需求，借助大数据下便捷科学的现代技术，围绕教学模式创新这一始发基点，将慕课、微课和翻转课堂作为新时代思想政治理论课模式创新的生长点，在此基础上集成更多创新模式。

四是紧抓大数据优势促进思政课教学平台拓展。在大数据背景下，推进思想政治理论课高质量发展，必须以大数据平台为重要的依托手段和实施载体，才能够实现更加高效的数据资源共享，供给更加优化的服务质量以及加速课程改革创新朝着科学现代的方向进阶。换言之，科学合理且健全优质的大数据平台能够在客观上助益思想政治理论课实现整体性的提质增效，并且借助和利用大数据已经凸显的优势，通过创建大数据技术平台、引导监管平台和人才培养平台切实增强技术驾驭能力、强化平台运行的合理性与合法性、锻造更多优秀的师资人才等方式，在客观上又能促进思想政治理论课平台实现即时的渠道拓展、内容更新、结构优化和思路调适。总之，围绕着思政教学的实现方式、结果反馈两个维度，大数据既能够为思政理论课注入丰富的数据信息资源并提供有力的技术支撑，又能够在结果反馈环节科学、精准地呈现学生对思政教学的评价与反响。①

① 许静波、王艺鑫. 建构大数据时代高校思想政治理论课教学模式研究［J］. 黑龙江高教研究，2018，36（05）：152-155.

思政课虚拟仿真实验项目的开发应用[①]

——以《我的同学江竹筠》为例

张珊珊　黄丽珊

一、新的机遇与挑战：思政课虚拟仿真实验

习近平总书记在全国高校思想政治工作会议上指出："要运用新媒体新技术使工作活起来，推动思想政治工作传统优势与信息技术高度融合，增强时代感和吸引力。"[②] 这对高校思政课的理论教学改革具有重要针对性和指导性。在疫情期间，思政课的线上教学前所未有地成为重要任务，而且还将成为未来大势所趋。相应地，我们是否已经准备好了充足的资源？在当前思政课线上教学中，仅仅把传统的课堂搬到线上，已经不能满足学生们对多元高质量的教学资源的需求。虚拟仿真实验采用计算机软件模拟现实效果展开实验教学，是现代信息技术融入课堂的重要手段，其低成本、广覆盖、高灵活的特性对于提高相关课程的教学质量和教学效果具有较强的推动作用。近年来国家大力支持虚拟仿真实验教学资源的建设。2019 年教育部发布《关

---

①　本文为四川大学新世纪高等教育教学改革工程第九期研究项目"思政课虚拟仿真实验项目的教学应用研究"（SCU0989）的研究成果。

②　《习近平谈全国高校思想政治工作要点》，央视网新闻频道，2016 年 12 月 9 日。

于一流本科课程建设的实施意见》（教高〔2019〕8 号）将国家虚拟仿真实验教学项目纳入一流本科课程建设，计划到 2021 年建设 1500 门左右国家虚拟仿真实验教学一流课程。而在国家虚拟仿真实验教学项目共享平台——实验空间上，截至 2021 年 12 月，已有的 3000 多项国家级虚拟仿真实验项目中，马克思主义理论学类仅有 36 项。显然，高校思政课若要积极深化课程教学改革，势必要更加积极主动地拥抱这一新的机遇与挑战。而在探索思政课虚拟仿真实验教学项目的开发与应用上，首当其冲应回答好两个问题：

第一，思政课如何建设虚拟仿真实验教学项目？首先虚拟仿真实验项目必须服务于专业人才培养方案的教学计划内容，但思政课教学知识点众多，哪些需要或者说更适合进行虚拟仿真实验教学呢？虚拟仿真实验项目可以突破传统实践教学成本高、受益人数少的教学困境，不受时间空间的限制，让各种教学资源变得触手可及。在创新思想政治理论课教学的过程中，通过数字化虚拟仿真场景的体验式学习，将改变传统课堂知行分离的教学模式，让学生在主动实验中获得直观体验，切实有效地增强大学生思政课的获得感。可见，在实验项目建设上，应优先选择那些传统课堂上难以实现的理论教学，或成本过高或效果不佳、需要提升学生主动性和参与性的教学重难点，并据此开发项目内容和考核形式。

第二，怎样检验思政课虚拟仿真实验的教学效果？思政课的在线教学已有充分尝试，在爱课程、网易公开课、智慧树等多个 MOOC 在线教育平台上，采用多媒体形式的思政慕课受到广泛追捧和好评，能够有效提升学生学习的趣味性和丰富性。那么，虚拟仿真实验项目与 MOOC 的区别在哪里？针对思政课传统教学存在说服力、感染力不强等不足，思政课虚拟仿真实验通过实验操作实现知识传授与自主学习的双向联动，对于解决这些教学重难点的贡献如何？"00 后"大学生们的个性特点和学习习惯具有高度差异性，他们对这种自主化、互动式、体验式学习模式的感知效果如何？从教学实践的多个层面，是否成功达到了知识学习、能力训练和情感升华等教学目的？对虚拟仿真实验项目应用实效的评估，既是对实验评价体系的思考，也将反过来促进整个教学模式的改革提升。

二、学习建设经验：国家级
实验项目的模式总结

  思政课虚拟仿真实验项目具有革新课程教学模式、推动深度教学改革的宝贵潜力，而当前无论是专业学界还是教学领域都缺乏相关研究，存在实验技术理论支持不足、教学应用模式陌生等问题。由于虚拟仿真实验项目的建设成本高，为避免重复建设和低质量建设，有必要在已有的项目基础上进行经验总结和模式提炼。通过比较分析实验空间上已经建成的 14 个思政课虚拟仿真实验项目，从表面上看起来五花八门、制作设计不同的项目中抽取到一些共性规律：

  （1）在实验内容上，现有的项目设计思路可大致分为两类，一是对近现代革命的某段重要历史事件的虚拟仿真，重在带给学生沉浸式体验和参与感，如天津大学出品的《感悟和把握〈共产党宣言〉的真理力量》和西南财经大学的《红军长征之飞夺泸定桥》；二是围绕某个理论专题进行大量案例的图文视频材料的高度集成化，让学生分阶段完成自主打卡学习，如陕西师范大学出品的《新时代我国社会主要矛盾》，以及浙江工商大学出品的《浙商故事：中国特色社会主义的生动实践》。这两类实验项目设计各有优点，在达到不同的教学目的上各有优势。可见，建设思政课虚拟仿真实验的素材来源是丰富多样的，特别是对高校所在地的特色红色文化资源的采用，如《西柏坡+思政课实践教学虚拟仿真体验项目》和《浙商故事：中国特色社会主义的生动实践》，其选材令人眼前一亮，对激发本校学生的项目兴趣和认同感具有独特的作用。

  （2）在实验模式上，按照国家相关方案给出的建设要求，虚拟仿真实验一般包含两类，综合设计型实验要包含多门课程原理、方法和技术，培养学生融会贯通专业课程、应用相关知识通过自主设计解决实际问题的能力；研究探索型实验以学科或行业发展前沿问题为选题，以学生自主设计为基本要求，面向前沿领域开设窗口，增加学生兴趣选择的灵活性，引导学生洞悉、探索学科前沿。现有的思政课虚拟仿真实验，尚未形成实验范式的梳理提炼，但基本上都可归属于第一类综合设计型，即围绕某个知识点或理论专题形成以"理论教学、实验仿真、场景互动"为一体的实验模式。通过模拟历史场景、分解问题与任务，将知识点穿插其中，可以减少学生的学习壁垒，并以游戏形式调动学生的学习热情，以选择操作激发学生的主动性，充分实现了实验的交互性和体验性。

（3）在实验考核上，项目基本上都采用操作考核和答题考核、分步评价与结果评价相结合的全过程考核模式。实验数据全记录，可回溯。即学即评，综合评价。系统自动反馈，生成考核结果和实验报告。实验报告展现实验的主要过程、简要的实验结果和成绩。不过思政课虚拟仿真实验并非动作技能型实验，客观题更多的是历史知识点的识记，评分简单容易也并非重点考察对象，更核心的教学目标，如对学生爱国情感教育和理想信念认同升华都是以主观题的形式考察，而这一部分则主要通过文本分析来实现效果评估。

三、本土红色教育资源的开发：
《我的同学江竹筠》

2019年3月—2020年12月，四川大学马克思主义学院专项课题组在广泛搜集求证多方资料的基础上，自主研发了《我的同学江竹筠》思政课虚拟仿真实验项目。该项目在智慧树平台上线，应用于本科思政课的教学实践。作为创新探索思政课虚拟仿真实验教学的新手段和新途径，项目以社会主义理想信念教育、爱国主义教育为目标，基于江竹筠烈士在国立四川大学求学时的那段峥嵘岁月的历史事实，采用角色扮演式的游戏体验模式进行实验。项目特色为：

（1）实验内容：以本土红色教育资源，解决理想信念教育难点。如何提升大学生对社会主义理想信念的认同度？在理论认同之上，激发学生们的情感认同，进而将社会主义核心价值观内化于心、外化于行，是思想政治理论课社会主义核心价值观教育面临的重要课题。而本项目精心选取四川大学的本土红色教育资源——"江姐"这一鲜明的革命人物形象，将"校友"故事进行脚本创作。江竹筠烈士的革命事迹虽广为人知，但当她穿越历史变成"校友"，她在川大期间的革命成长历程无疑令学生感到新鲜而好奇。这种身份认同感显著增强了代入感和亲切感，让学生们乐意与历史人物建立联系、产生情感、共历史实，从而达到激发强烈的爱国主义情怀、坚定理想信念的教学目的。

（2）实验形式：角色扮演游戏的交互式与沉浸化体验。项目设置学生穿越历史，以"江志炜的同学"身份与四川大学校友——江姐结识，陪伴和参与"江志炜"的成长历程和革命斗争，例如"共同观影""支援昆明一·二一惨案""华西绝育代签字"等。在这一过程中，学生们了解到江姐当时所处的革命环境，感受她在做各种行动时的内心活动，并支持江姐的行动和发表自己的感受。让学生们感受到一个血肉丰满、可感可亲的"江姐"形象，让江姐的革命精神在互动体验中深入学生们的内心，从而实现理论到实践、知行合一、不断强化、巩固与升华的过程。

（3）实验考核：场景任务激发自主学习的全过程考核。该项目将单一的史实知识变为以时间为线索轴，以事件、人物为触发点的可视化知识库，以此激发学生自主学习的积极性。具体为在各个事件中穿插设置提问，需要完成任务才能解锁下一章节。问题总共有 10 个，以点切面，紧密围绕江姐的故事展开，需要学生自觉主动去查阅历史资料进行学习。只有对眼前的"历史任务"进行实事求是的科学分析和理性判断，才能做出正确选择。逐一完成选择后，系统自动记录相应的成绩。而在最后对江姐的临别箴言，则是以主观题的形式，让学生们自由抒发对这位"校友"的感想对话，通过对学生表达的文本中的认知情感进行评估，从而对理想信念教育的效果进行检验。

四、应用与探索：混合式教改的创新之路

《我的同学江竹筠》项目完成建设后，课题组选取了一些研究生和本科生进行测试，除对项目本身的内容流程进行修改完善外，更重要的是探索项目的教学应用形式。针对当前"互联网+"条件下思政课课堂教学、MOOC教学、实践教学和虚拟仿真实验教学的混合教学模式，我们的重点放在如何根据教学目标做好线上教学与线下教学的"虚实结合"，从而充分发挥虚拟仿真实验教学的优势。经过初期探索，项目应用初步形成如下方案：

（1）以虚促实。虚拟仿真实验项目极大地拓展了教学可想象和可探索的空间。学生们在完成这个仅为2学时的实验作业后，在实验中的体验和思考可延伸转化为课堂上的专题讨论分享，比如江姐的革命理想和牺牲选择。这种与历史人物亲历相伴的经验，对于深化学生们的情感教育具有重大作用，进而达到丰富课堂教学内容和提升教学效果的目的。

（2）以实补虚。《我的同学江竹筠》是基于本校红色教育资源开发的虚拟仿真实验项目，甚至学校有专门的江姐纪念馆提供大量的相关史料。在同学们完成实验课的虚拟学习后，组织分批来到纪念馆进行参观学习。这种虚实结合的深度体验，进一步让认知教育入脑，让情感教育入心。

综上所述，思政课虚拟仿真实验项目具有优秀的探索性、互动性、启发性，在开发与应用上，应将突出本土资源优势、重视用户获得体验、以过程考核促自主学习作为方案重点。其蕴含教学效果提升和提高人才培养质量的丰富潜力，可作为未来教学改革的重要手段。

思政课教学中问题设计的四重维度

周　俊

问题式教学法是思政课教学中的一类重要方法。习近平总书记指出，"思政课教师所讲的理论要经得起学生各种'为什么'的追问"①，并针对思政课的改革创新提出了"要坚持问题导向，学生关注的、有疑惑的问题其实也就几大类，要把这些问题掰开了、揉碎了，深入研究解答，把事实和道理一条条讲清楚""要练就不怕问、怕不问、见问则喜的真本领，不能见学生提问就发怵"等重要指导思想。在教学实践中，思政课教师也常常运用问题式教学法来进行课堂互动、体验式教学和探究式教学等。西方兴起的问题式学习（Problem-Based Learning，PBL）也强调将问题放在教学和学习的中心位置。

在问题式教学中，问题设计是其核心环节。能不能提出好的问题，直接影响着问题式教学的实效性。好的问题一是能够吸引学生。如贴近学生的生活、学习，契合学生的知识构成，能够融入学生的话语体系，或是学生关心的热点问题，使学生有参与讨论的意愿。二是易于切入，容易展开讨论。好的问题要让学生容易上手，能够从自身知识积累、社会阅历、逻辑思考等层面进入该问题，并展开思考。三是具有价值引领作用。与西方问题式学习不

---

① 习近平：《思政课是落实立德树人根本任务的关键课程》，《求是》2020 年第 17 期。

同，西方问题式学习强调的是通过问题对知识的掌握、建构，从而进一步对解决问题的方法掌握，然后成为学生的一项技能，始终停留在知识和技能的层面，思政课问题教学的重点应该是通过问题的解决实现价值引领，突出问题的价值性。

在当前思政课教学实践的问题设计中，还存在一些比较明显的问题。一是问题设计缺乏目标导向。问题设计必须有目标导向，应该根据知识性目标或价值性目标有针对性地设计问题，而不是仅仅为了互动式教学、体验式教学等教学手段的开展而设计问题。二是问题设计缺乏质量控制。好的问题应该具有吸引力，容易切入且能够引起思考。课堂的互动和体验效果不理想的原因可能与问题设计质量不高有关，不言自明的问题、漫无方向的问题、过大过空的问题、超出必要知识范畴的问题往往都难以引起学生兴趣，也缺乏讨论的可能性。三是问题设计缺乏理论支撑。问题到底如何设计，是开放式问题还是封闭式问题；是"为什么""是什么"还是"怎么看"；问题要问到什么层面、什么深度才最合适，以及问题如何解答等，在思政课的教学实践中往往缺乏理论指导。当前的一些研究得出了很多好的结论，如问题的追问要回到世界物质统一性原理、人民群众是历史创造者原理的逻辑起点，检验真理的标准是社会实践而不是逻辑证明①等，都应该成为问题设计及其解答的理论支撑。

因此，研究思政课教学中的问题设计是当前推动思政课改革创新的一个重要问题，其理论基础是习近平总书记提出的八个"相统一"。习近平总书记提出思政课改革创新需要坚持"政治性和学理性相统一、价值性和知识性相统一、建设性和批判性相统一、理论性和实践性相统一、统一性和多样性相统一、主导性和主体性相统一、灌输性和启发性相统一、显性教育和隐性教育相统一"，是对思政课长期实践所进行的全面、系统、科学的总结，

---

① 田心铭：《以彻底的思想理论说服学生——学习习近平〈思政课是落实立德树人根本任务的关键课程〉》，《马克思主义研究》2021年第1期。

内涵丰富、意义深刻，是新时代思政课改革创新的指导。结合八个"相统一"的要求和思政课教学中问题设计的实践，可以从四个维度来改进和优化思政课教学中的问题设计。

一、知识性维度：问题设计的基础

思政课教学中问题设计的第一个维度是知识性维度，这是问题设计的基础。习近平总书记在讲话中强调了思政课的知识性："只有空洞的价值说教、没有科学的知识支撑，价值观教育的效果也会大打折扣"。问题设计的知识性是指在问题设计中要进行学理分析，要体现出具体的学科知识；问题的解答应该有学理性的框架，能够从理论的、逻辑的、实践的等多个层面来进行分析解答。思政课问题的知识性既可以是马克思主义理论的相关知识，也可以是哲学、经济、政治、法律、文学等其他学科的知识。

问题设计的知识性集中体现在能够通过追问"为什么"来展示马克思主义理论这一彻底的理论。透过现象设计问题、阐释问题、分析问题和解决问题，将对问题的分析引向深入，从而抵达马克思主义的"底"，即马克思主义哲学最根本的原理：世界统一于物质，人民群众是历史的创造者，简单归结起来就是是否符合客观实际、是否符合人民的利益。无论是通过马克思主义理论的知识，还是其他学科的知识，最终都能通过多问几个"为什么"的方式，来展示马克思主义这一彻底的理论。

坚持问题设计的知识性有如下几个方面的作用。一是具有吸引力。对未知知识的掌握是学生学习的初始动力，知识性的问题往往能够吸引学生去探求。思政课教学中的很多问题都可以从知识性出发来进行设计，譬如"当今世界有哪些'社会主义理论'？"这一问题，从问题的提出来看是一个知识性很强的问题，通过很具体的问题吸引学生去探寻除了科学社会主义理论以外的其他社会主义理论，但在学生的探寻过程中实际上能够实现学生自觉地对其他社会主义与科学社会主义的比较，得到价值引领的目标。二是具有明确的指向性，容易切入。知识性的问题往往指向明确，让学生能够容易切入，知道如何入手去解决和回答，而不是在一些大而空的问题面前束手无策。三是具有较强"获得感"，符合教育规律。思政课重在价值引领，但价值观塑造、思维的训练往往是一个较长的过程，很多学生在短时间内无法体察自身在价值观、思维能力等方面的进步和收获，从而缺乏对课程的"获得感"，进而兴趣降低甚至放弃学习，这也是为什么部分学生觉得思政课"虚""空"的原因。而对知识性问题的解决能够给学生带来"获得感"，在学生接触思政课的前期让学生感受到"实"和"收获"，增强思政课的吸引力。四是能够更好地把握学理性。思政课教学要以透彻的学理分析回应学生，以彻底的思想理论说服学生。在学理分析中，"问题"往往处于中心位置，许多理论都是围绕着问题展开，在问题的解决中生成的。因为以问题视角开展学理分析，能够让学生通过建构的方式来掌握理论，更好地把握学理性。

坚持问题设计的知识性要注意如下几个方面。一是坚持问题设计中知识性的基础地位。问题的提出和解答不能"空对空"，不能完全只做政治宣传，而应该始终坚持以知识性为基础，用逻辑、理论、事实等具体的知识来解答问题。因此，在问题设计时就要注重这个问题的知识性基础。譬如向学生提问"是否要坚持党的领导"，这显然是一个学生不感兴趣的问题，因为其中不涉及学生想了解的知识，学生的感知就是政治宣传；用"苏联没有坚持党的领导，发生了什么？"这样的问题，让学生能够从历史史实的角度来回答问题，实际上也回答了"是否要坚持党的领导"这一根本问题。二是知识性问题要落小落实。由于思政课所面向的学生学科构成复杂，知识基础掌握的情况不同，因此在问题设计中要务求小和实，对于一些大的、宏观的问题很可能导致学生无处下手、无法解决，而通过多个小的、成体系的问题，就能构建出一个大问题的整体框架，更符合思政课学生的学习需求和特点。三是知识性最好有具体的学科指向性，不能泛化。不好的问题常常让学生在回答的时候缺乏知识体系的框架，只是根据个人生活阅历、常识或者表层的思维来进行泛泛的回答，没有根据具体学科知识的分析方法、分析框架来进行分析和回答，实效性不佳。因此，在问题设计时最好有明确的学科指向性，让学生通过该学科的基础理论、基本分析方法和基本分析工具来回答问题，实现对知识性的掌握。

二、价值性维度：问题设计的目标

思政课教学的目标是价值性的。习近平总书记指出，"思政课重在塑造学生的价值观，这一点必须牢牢抓住"。对于问题设计来说，知识性是"术"，而价值性是"道"，价值性是思政课的教学目标，知识性是实现教学目标的方法。问题设计不应该只停留在知识性层面，而应该通过对知识的探求实现价值的引领，通过对学理的分析实现价值观的塑造。

思政课教学中问题设计的价值性体现在通过问题的设计，从多个角度、多个方面解答与世界观、价值观、人生观相关的几个核心问题。这几个核心问题实际上就是"中国共产党为什么能，马克思主义为什么行，中国特色社会主义为什么好"这三个核心问题，解答了这三个核心问题，就解答了世界观、价值观和人生观的问题，就能够坚定学生对马克思主义的信仰、对中国特色社会主义的信心、对中国共产党的信念。在问题的设计中，要始终围绕核心问题来开展，让所设计的问题能够有助于核心问题的阐释，并在对问题的讨论、解答和阐释中要明确地指出这一价值导向。

坚持教学问题设计中的价值性，一方面是思政课教学的题中之义，是达成思政课教学目标的重要方法；另一方面对思政课教学的改革创新也有促进作用，主要表现在：可以展现思政课学习的独特性，增加对学生的吸引力。具有价值性的问题设计可以将思政课显著地与其他的专业课区分开来，体现出思政课在价值指导方面的独特作用。可以通过价值性的问题追问，向学生传授价值分析、价值判断的方法，帮助学生掌握规范分析的基本方法。

坚持教学问题设计中的价值性，要注意如下几个方面。一是问题设计中要注重目标导向。对每一个问题设计都要进行价值性的考量，即这一问题设计的目标是什么，是否有助于三个核心问题的解决。对价值导向不清楚、问题设计目标不清楚的问题要重点分析，或者舍弃。要着力避免和学生讨论得很热闹，但问题偏向娱乐化、为了吸引眼球或活跃气氛而设计，但对价值引领没有实质性帮助，甚至起到反作用，让学生将严肃的思政课娱乐化、庸俗化。如在设计问题"为什么说十八大以来党和国家事业取得了'历史性成就、历史性变革'"，这一问题本身是具有知识性的，要从"历史性"的角度去探讨成就和变革，用"全方位的、开创性的""深层次的、根本性的"去阐释"历史性"。但如果这一问题的阐释到这里为止的话，就只是从知识的层面弄清楚了"历史性"这个提法是科学的、正确的，却没能从价值性的角度去阐释，这一"历史性"的成就和变革本身证明的是"中国特色社会主义为什么好"这个核心问题，如果没有阐明这个问题，那么前面的讨论就没有达到根本的目的。二是问题设计中的价值性一定得依赖于知识性来实现的，不能为了问题的价值性而提出空洞的价值性问题。对问题的价值性阐释一定是建立在学理分析基础上的阐释，不是空洞的简单的宣教。

三、实践性维度：问题设计的入口

思政课"活"起来的关键是要与实践结合，习近平总书记指出："要高度重视思政课的实践性，把思政小课堂同社会大课堂结合起来。"在课堂中提出问题本身就是一种实践，学生对问题的解答也是一种实践。落实到问题设计本身来看，实践性是问题设计的入口，具有实践性、可操作性的问题，才是能够吸引学生，能够教育学生、引领学生的好问题。

思政教学中问题设计的实践性与思政课的实践性不同。思政课的实践性强调将理论与社会实践相结合，教育引导学生把人生抱负落实到脚踏实地的实际行动中来。而问题设计的实践则强调：对学生提出的问题应该有实践的成分，而不仅仅是理论的成分。光从理论上去追寻"社会主义制度为什么好"，对于本身就缺乏实践阅历的学生来说，是比较难以认同的。但将社会主义建设中的实践设计成问题，从实践的角度来解答问题，往往就能够让学生形成深刻的印象，加深学生的理解，得到学生的认同。

问题设计中的实践性还应该与批判性问题相结合，给学生创造解答问题的"实践机会"。譬如要使学生认识到全国人民代表大会制度这一根本政治制度的优势，可以提出的问题是"全国人民代表大会制度具有哪些优势？"但这个问题显然是理论的，而不是实践的。从实践的层面可以从批判性的角度提出这样的问题："西方称我国的人民代表大会制度为'橡皮图章'，真的是这样吗？"与前一个问题相比，这一个问题就更具有实践性，可以让学生从人民代表大会的实践过程中去探寻驳斥西方论点的证据，与泛泛而谈教科书上的"优势"相比，更能够让学生建立起对我国根本政治制度的自信。

坚持问题设计中的实践性，需要通过问题设计激发学生动手实践的能力。问题设计如果缺乏实践性，学生往往容易从个人经验出发进行解答、分析，不能达到思维训练的作用，也无法形成学生通过实践探求答案而带来的知识建构过程。因此问题设计要尽可能地激发学生动手去实践、去探究的能力。如讨论新发展理念时，可以设计这样的问题"为什么说新发展理念是适应我国经济发展阶段性变化的主动选择？"但这一问题可能涉及的面过大，反而导致其实践性不强，学生无法入手，只能从浅层进行泛泛而谈。如果将其细化为"调查我国在哪些核心技术方面还受制于人""第七次全国人口普查结果与我国未来经济发展有何关系？"等更为实际的、学生可以动手操作的问题，就更容易将问题引向深入。

四、启发性维度：问题设计的延伸

思政教学中问题设计的启发性有两个方面的含义。一是问题设计要有触类旁通的启发性。习近平总书记指出："有时候不一定讲得那么高大全，从一个问题切入，把一个问题讲深，最后触类旁通，可以带动很多关联问题，有可能是一通百通，提纲挈领"。二是问题的解答要对学生有思维方法上的启发性，让学生通过对问题的解答能够掌握科学的立场、观点，能够掌握科学的思维方法，进一步能够启发学生提出问题。

要实现第一个方面的启发性，就必须在问题设计中找准核心问题、关键问题。譬如在关于党的理论方面，核心问题就是"中国共产党为什么能"，只要解答了这个问题，就能进一步解答"为什么要坚持党的领导""为什么党是领导一切的""为什么党的领导是中国特色社会主义最大的优势"等一系列的问题。所有的问题设计既要围绕核心问题来展开，同时也要兼顾对其他问题的启发作用。要实现第二个方面的启发性，就需要在问题解答时和学生一起探究解答的方法，和学生一起去分析问题、思考问题和解答问题，而不是由教师抛出答案。当学生的答案有偏颇或疏漏时，要从方法论的角度与学生共同分析问题解答的过程，让学生不但掌握问题的答案，同时也要掌握获取答案的方法。通过这样的训练，学生就能够进一步掌握发现问题、解答问题的能力。

总的来说，问题设计是思政课教学中的一个重要环节，好的问题能够吸引学生关注、引导学生实践、帮助学生实现知识建构和价值塑造、推动学生掌握思维方法。问题的设计过程要坚持以八个"相统一"为指导，尤其坚持以问题设计中的知识性为基础增强问题的吸引力、坚持问题的价值性目标，通过实践性问题切入，通过问题的启发性提升学生的思维能力。将问题设计的四个维度整合起来，才能够在思政课教学中提出提升课程亲和力、针对性和实效性的问题。

第三编

新时代高校思想政治理论课改革
创新的立体融合研究

研究生教育中马克思主义理论
学术共同体构建研究①

王彬彬

近年来热议的关于学术共同体的讨论，预示着研究生教育范式的新动向。正如《大学》所言，"大学之道，在明明德，在亲民，在止于至善"，研究生教育也要回归大学的本质。作为"一个由学者与学生组成、致力于寻求真理之事业的共同体"②，大学的本质在于价值信仰、真理学问、③ 品德操行等。在众多学科中，马克思主义理论是我国人文社会学科的领航者，④ 它兼具信仰、理论、德行的多重价值，对于塑造研究生正确的价值取向、坚定的批判精神、系统的思辨能力、严谨的学术态度等具有重要意义。然而，传统上"止于教学而非教育"的教学理念、"单向灌输式"的教学方式、不断重复且深入不足的教学内容，不仅掩蔽了马克思主义理论深邃宏大、历久弥新的品质魅力，而且消磨着广大研究生，甚至从事马克思主义理论专业的研究生探寻真理、研究现实、指导实践的理想和热情。

---

① 基金项目：四川大学新世纪高等教育教学改革工程（第九期）项目"场景思政：思政课中的场景教育"（项目编号：SCU9087）。

② 雅斯贝尔斯. 大学的理念［M］. 上海：上海人民出版社，2006：19.

③ 王学典. 坚持"学术本位"：大学精神的本质［J］. 清华大学学报（哲学社会科学版），2012（6）.

④ 顾海良. 马克思主义理论学科，从"起航"到"领航"［N］. 光明日报，2015-07-23.

以创新的方式，引导研究生深入马克思主义理论，学习经典，身体力行，实现理论自觉和理论自信，构建马克思主义理论学术共同体是一个可行的选择。

一、学术共同体在研究生教育中的重要价值

"学术共同体"这一范畴滥觞于 1942 年英国科学家和哲学家波兰尼（Michael Polanyi）在《科学的自治》一文中提出的"科学共同体"概念，意指全社会从事科学研究的科学家群体，他们有共同理念、共同价值、共同规范，以区别于一般的社会群体与社会组织。[①] "科学共同体"强调组成人员为科学家、实践内容为科学研究，相较而言，"学术共同体"是"科学共同体"概念的延伸，其组成人员为包含科学家在内的研究者、实践内容为包含科学在内的学术问题。"学术共同体"是学术研究者在共同价值信念、共同研究目标和共同群体认同基础上相互交流、协作解决学术问题的一种活动平台，在此平台上，成员以学术活动为中心，互助提升学术研究能力和研究效能。学术共同体有多种形式，比较大型的有各类学术社群，它们往往成长为重要的学术阵地乃至学术流派，如作为西方马克思主义一个重要流派的法兰克福学派，是由聚集在德国法兰克福大学社会研究中心的社会学家、哲学家、文化学家组成的学术社群；芝加哥学派是由聚集在美国芝加哥大学的经济、建筑、传播、社会、气象、数学等领域的学者组成的学术社群。学术共同体定期举办学术活动，如荷兰马斯特里赫特经济研究学院的学术讨论会，通过设定一个问题框架，激发研究生进行思考；丹麦产业动力学研究中心的专题讨论会，分专题探讨前沿学术理论。[②] 在我国，定期举办的学术研

---

① 杨继国. 学术共同体构建的"国际化"与"本土化"[J]. 改革，2016（3）.

② 丁云龙. 国外学术共同体学术研究体例述评 [J]. 东北大学学报（社会科学版），2002（4）.

讨会、交流会、恳谈会等学术会议以及高等院校的校际协同创新中心等都是学术共同体的衍生物。

在现代研究生教育中，学术共同体是由研究生导师、青年教师、研究生、外请专家、共同兴趣者构成的开放式、梯度式的学术组织。它将具有共同爱好、共同理念、共同价值、共同规范的教师和学生在团队组织上组织起来，在学术方向上凝练起来，在问题导向上互动起来。它既可以"交流"，基于理论研究和应用研究，以某一学科视角或理论范式为核心，不断吸纳拥有不同理论基础、学科背景、工作经历、生活阅历的新成员加入学术共同体，实现跨学科的综合与知性的贯通；又可以"教授"，在学术共同体基础上，以研究生导师、处于学术活跃期的骨干青年教师和优秀研究生为核心，按照学术分工组建各类研究兴趣小组，形成有知识梯度、研究能力差异的研究团队，以此传授知识、传播知识、创新知识。通过学术共同体，研究生教育从传统的"教与学""传道与解惑"转变为共同学习、共同探究、协同创新，教师与研究生之间从单一的"师生"关系转变为"学友""研友""师友"等复合关系，形成更为多样、活泼、灵活的学研氛围。

二、马克思主义理论学术共同体的基本定位

在马克思主义理论的发展史上，因立场、方向、观点等差异，形成了各种学术流派。而各种学术流派是由以关键理论人物为核心的学术共同体发展而来的，并以学术共同体的形式进行论战。如20世纪30年代，以兰格为代表的东欧市场社会主义派学者与米塞斯、哈耶克等自由主义经济学者，就社会主义计划经济能否合理配置资源的命题展开大论战，从而形成了计划模拟市场的"兰格模式"。又如在当代生态马克思主义理论的交锋中，奥康纳学术共同体和福斯特学术共同体就马克思与"生态"的关系、体现马克思生

态思想的范畴是"新陈代谢"还是"生产条件"、生态马克思主义需要怎样的辩证法和唯物主义等三个问题进行论战,不仅推动了生态马克思主义理论的发展,而且双方的理论体系也得到充分发展。① 因此,学术共同体是马克思主义理论和重要思想产生、发展、交流的主要形式之一。在研究生教育中引入马克思主义理论学术共同体,是一种以马克思主义的方式推进马克思主义理论教学科研的变革。

结合高校特点和研究生需求,对马克思主义理论学术共同体的定位主要基于以下三个方面。

(一) 马克思主义理论专业研究生学习马克思主义理论的社团组织

理论性强、学科涉及面广、与现实结合紧密是马克思主义理论的特点。然而,囿于现有的教材、教学相对固定的结构体系,马克思主义理论研究生课程教育往往只能顾及整体性的理论介绍或专题性的问题探讨,难以对某些重要理论的来源和发展进行文本考据,或对重大现实问题进行解剖式的深入分析,更难在第一时间学习、领会、掌握、研讨、传播马克思主义最新理论成果和党的最新文献。而作为课程教育之外的自发性学术组织,学术共同体恰可以成为马克思主义理论学习的"第二课堂",在课程教育中不能展开的文本学习、不能深入的问题辨析、不能结合的现实探讨,都可以在学术共同体中进行充分研究。同时,学术共同体也为青年教师的成长提供了发展平台,一些知识结构较新、学术思想活跃、研究主题前沿的青年教师,在还没有机会担任研究生课程授课教师时,可以通过学术共同体传授知识、分享研究,锻炼成研究生教学的后备人才。

---

① 郭剑仁. 奥康纳学术共同体和福斯特学术共同体论战的几个焦点问题 [J]. 马克思主义与现实,2011 (5).

（二）马克思主义理论在青年师生中传播的重要阵地

近年来，马克思主义在高校中有"回归"的趋势，越来越多的高校重视马克思主义理论教学和学科建设，越来越多的青年学生立足国情、关心社会、思考人生，呼唤马克思主义理论的解惑，或者从朴素的爱国情怀出发，逐渐认同马克思主义思想。学术共同体可以成为严谨学习与自由讨论相结合的新型马克思主义传播阵地。它以马克思主义理论专业的教师和学生为核心，吸收其他学科愿意学习和研究马克思主义的教师和学生。学术共同体的成员之间通过定期或不定期的现场研讨或通信交流，在相互学习、相互借鉴中辨明真理、澄清谬误、坚定信念、传播思想，每个成员又通过各自的社交网络辐射和影响身边的同学、亲友，成为传播马克思主义的"自媒体"，形成以学术共同体为中心的理论和思想扩散机制，使学术共同体从马克思主义理论的"自留地"转变为"新阵地"。近年来，借助 QQ 群、微博、微信群、微信公众号等新型传播平台，国内一些著名高校、科研院所的马克思主义理论学术共同体正获得越来越广泛的社会影响力。

（三）马克思主义理论研究的学术平台

马克思主义理论要坚守本真，也要与时俱进和观照现实。正如习近平总书记在哲学社会科学工作座谈会上的讲话所指出的，"我国哲学社会科学的一项重要任务就是继续推进马克思主义中国化、时代化、大众化，继续发展21 世纪马克思主义、当代中国马克思主义"。这就需要引导学生以经典著作为基础、以现实问题为导向，开展理论探讨、问题研究和实践检验，真正将学、研、用结合起来，将书本知识转化为分析现象、解剖问题的能力，将理论体系转化为自身自觉的思想体系和行为体系。而学术共同体既坚持马克思主义原理、观点、方法和主流意识形态，又兼蓄相关学科及其他学科的新研究新思想，从而可以为这种"顶天立地"、学科交叉的研究提供学术平台：以共同兴趣为纽带，围绕基础理论和现实问题，通过加强从事马克思主义理论教学科研的教师之间，以及与其他学科的教师之间的理论互动和成果交流，形成科研搭档、科研小组、科研团队；按照构建中国特色哲学社会科学的总体要求，将马克思主义理论与具体科学深度结合、与中国实践深度结合，不断拓展马克思主义哲学、马克思主义政治经济学、马克思主义文学、马克思主义美学、马克思主义地理学、马克思主义社会学、马克思主义政治学等学科方向。

三、马克思主义理论学术共同体的主要形式

马克思主义理论学术共同体以马克思主义经典理论、中国化马克思主义理论为主要研究对象，是研究生特别是马克思主义理论专业研究生传承学术精神、交流学术思想、遵守学术道德、回应学术问题的"学术部落"，承担着辅助学习与引导研究的基本功能。它具有以下几种常规的实现形式。

（一）读书会

就马克思主义研究者而言，读书是他们自主求知的重要方式，读书会则是他们在互动中求知的基本渠道，构成马克思主义理论学术共同体的基本形式。从目标定位上看，读书会旨在打破传统"个人闷头啃书"的求知方式，消除个体在认知能力、深度和广度等方面的局限，并通过设置统一的读书计划，优化研究生的读书内容和研究过程，帮助研究生丰富知识结构、瞄准研究内容、提升研究能力。从书目选择上看，主要可以分为三类：一是马克思主义经典著作，有助于研究生理解马克思主义的理论内涵、逻辑主线、理论精髓和精神实质，贯通马克思主义的知识体系和问题指向，其中《德意志

意识形态》《共产党宣言》《资本论》《法兰西内战》《哥达纲领批判》《帝国主义是资本主义的最高阶段》等名篇为必读书目；二是中国化马克思主义著作，有助于研究生认识马克思主义发展的历史与实践逻辑、马克思主义中国化的历史必然性和内在规律性，把握运用马克思主义解决中国问题的基本范式、理论视角和方式方法，其中《中国社会各阶级的分析》《在武昌、深圳、珠海、上海等地的谈话要点》等名篇为必读书目；三是马克思主义理论研究专家的代表性著作，有助于研究生结合研究兴趣和重点，紧扣时代命题、拓展研究思路和丰富研究素材。从过程组织上看，在读书会前规定阅读书目、提出需要思考的重点问题、统一读书笔记撰写规范；在读书会的前半段开展师生"同读一本书、精读一章节"，或是主讲人谈读书心得与现实观照、其他研究生展开研讨；在读书会的后半段由研究生导师或相关专家点评，梳理相关问题的理论焦点，帮助研究生深入理解马克思主义理论的要义；在读书会后做好文字存档与研究工作。

（二）辩论会

马克思主义是在思想论战中不断发展和广泛传播的，作为思想论战的重要形式，辩论通过相互质询、驳斥来交流学术观点，并试图达成共同意见，其实现形式是辩论会。所谓"思想源于碰撞"，辩论会有助于马克思主义研究者在立论和驳论的过程中传播真理和反击谬误，发现和解决疑难问题乃至产生新的思想，从而构成马克思主义理论学术共同体的重要形式。从目标定位上看，辩论会通过引入论辩逻辑，在思想交锋中展现研究生的不同观点与论断，拓宽运用马克思主义解释和解决理论、实践问题的视角，进而达成研究共识，并锻炼研究生的逻辑表达与语言组织能力。从论题选择上看，一般围绕一个国际国内的社会现实或理论研究热点问题设置论题，确保论题属于马克思主义理论的研究视野，并能衍生出明确的立论子论题和驳论子论题，便于形成论争的舆论条件。从过程组织上看，在辩论会前确定论题，同时分别成立两个团队进行辩论准备；在辩论会的前半段由主持人介绍论题的理论背景并主持辩论，立论和驳论的团队分别结合马克思主义经典理论与中国化马克思主义理论陈述子论题，然后两个团队开展自由辩论并分别梳理和总结本团队的基本论点；在辩论会的后半段由研究生导师或相关专家点评，指出子论题的理论闪光点和谬误之处，揭露论题的矛盾点和形成研究共识的可能性；在辩论会后做好文字、音频、视频等存档与研究工作。

（三）研讨会

研讨会是读书会与辩论会的延伸，既可以研讨文本问题，也可以辩论具体论题，还可以共同分析、评价和解决理论或现实问题。在马克思主义理论学术共同体中，可以充分发挥研讨会的观点交流与思想聚合功能，促进研究共识形成。从目标定位上看，研讨会旨在展现研究生们对同一理论或现实问题的不同观点，创设一种平等互动的学术研究环境，帮助研究生们互助解惑，或就相关问题达成一致意见和看法。从主题选择上看，一般围绕当代中国马克思主义理论研究和现实问题设置主题，确保主题的学术性、价值性和前沿性。从过程组织上看，在研讨会前确定研讨主题，一般指定主讲研究生准备主题发言、其他研究生准备讨论发言；研讨会的前半段分为主题发言和主题讨论两个环节，主题发言辅以 PPT、视频、音频等媒介表现，主题讨论以口头发言为主，两个环节的发言注重结合当前马克思主义理论研究领域的代表性观点展开陈述，做到理论性和实践性相结合，突出分析视角的创新点；在研讨会的后半段由研究生导师或相关专家点评，在阐述问题研究焦点的基础上提出今后研究的学术生长点；在研讨会后做好相关资料存档和研究工作。此外，可以通过研讨会的形式评价学术成果，由导师和研究生针对马克思主义理论学术共同体成员的论文或著作提出修改意见，提升学术成果的质量；还可以通过研讨会，研究和阐述马克思主义理论学术共同体的代表性观点，分工完成相应学术研究任务，最终形成系统性强、学术价值高的成果，从而增强马克思主义理论学术共同体在思想创新、团队合作和学术研究上的能力。

（四）社会实践

列宁指出："实践高于（理论的）认识，因为它不仅具有普遍性的品格，而且还具有直接现实性的品格。"① 故而，"辩证唯物论的认识论把实践提到第一的地位"②。马克思主义理论研究既是一个认识过程，也是一个社会实践过程；既要把握来源于社会实践的马克思主义理论知识的理论内涵，又要将这些知识应用于社会实践。同时，还要借鉴相关理论研究和社会实践经验，在现实的社会实践中总结理论研究的不足，将对社会实践的解释力和导向力作为理论研究成果的基本评价标准，并将优秀的社会实践经验上升为理论成果。从这个意义上看，社会实践应成为马克思主义理论学术共同体的重要形式。从目标定位上看，旨在依托各类实践平台组织各类社会实践，帮助研究生在社会实践中体悟马克思主义理论的真理性与科学性、发现理论研究的问题点与兴趣点、检验现有研究成果的正确性，增强用理论成果指导社会实践和将实践经验上升为理论成果的能力。从主题选择上看，一般围绕国情省情、经济改革、文化繁荣、生态建设、民生发展等热点问题设置主题，确保主题的实践性和价值性。从过程组织上看，在社会实践前确定田野调查的主题及达成的目标，选择和联系实践地点，确保在该地开展的社会实践能够解决研究的问题或启发后续研究，并确定以参观、调研或访问的形式开展社会实践，编制社会实践计划，组织社会实践团队，做好社会实践的物质支持、人员安排和安全保障；在社会实践期间由研究生导师带队，研究生按照既定计划运用马克思主义理论研究成果分析和解释现实问题，研究生导师为

① 列宁全集（第55卷）[M]. 北京：人民出版社，1990：183.
② 毛泽东选集（第一卷）[M]. 北京：人民出版社，1991：284.

研究生释疑解惑；在社会实践后借鉴研讨会的形式召开经验总结会，做好文字、音频、视频等存档与研究工作。值得注意的是，伴随着时代的发展，许多社会条件在发生变化，因而社会实践必须紧密贴近实际，不能完全依赖基于以往社会实践而形成的理论成果分析和解决当前社会实践的问题，而应在社会实践中探索理解相关问题的新途径新方法。

实践表明，在高校研究生教育中构建马克思主义理论学术共同体是行之有效的学习、研究和传播马克思主义的方式。它通过师生的自觉学习、自觉践行，让马克思主义回归经典、回归思想、回归学术，从而实现理论自信。它通过师生的真学、真懂、真信、真用，让马克思主义从课程教学回归到立德树人的中心环节，以润物细无声的方式，真正做到"全程育人、全方位育人"①。它通过师生的自发组织、自我传播，让马克思主义来到师生党员群众中，为高校思想政治工作贯穿教育教学全过程提供新途径。

---

① 习近平在全国高校思想政治工作会议上强调：把思想政治工作贯穿教育教学全过程 开创我国高等教育事业发展新局面［N］. 人民日报，2016-12-09.

论"新时代中国特色社会主义理论与实践""四维体系"的内在联系

郑　晔

"新时代中国特色社会主义理论与实践"课程的理论体系、教材体系、教学体系和话语体系具有内在的相互关系，其中理论体系是基石，教材体系是支撑，教学体系是核心，话语体系是关键，四个方面缺一不可，并且是一个前后一贯的连续教育教学过程。这个教育教学过程表现为三个阶段：第一阶段表现为马克思主义理论和习近平新时代中国特色社会主义思想转化为教材体系，它是课程实施过程的第一次转化和飞跃，主要解决教什么的问题。第二阶段表现为教材体系转化为教学体系，它是课程实施过程的第二次转化，主要解决怎么教、怎么学的问题。第三阶段表现为教学体系转化为话语体系，它是课程实施过程的第三次转化，主要解决怎么将课程目标和内容转化为研究生的知识、信念和品德的问题。三次转化和飞跃前后衔接、连续一贯构成了完整的课程实施过程。

一、理论体系是"新时代中国特色社会主义理论与实践"课程的基石

马克思主义理论体系博大精深，是"新时代中国特色社会主义理论与

实践"课程的理论基石，是我们认识世界、改变世界的理论工具。系统把握马克思主义基本理论作为看家本领，是对新时代中国特色社会主义理论与实践教学和研究的基本要求，也是对高校思想政治理论课教学的基本要求。以马克思主义基本原理和主要理论为本课程教学的理论基石是高校思想政治课课程建设和发展的根本要求。习近平总书记指出，掌握马克思主义最重要的是掌握它的精神实质，运用它的立场、观点、方法和基本原理，分析解决实际问题。马克思主义基本原理的理论特征就是："体现马克思主义的根本性质和整体特征，体现马克思主义世界观和方法论的科学性革命性的高度统一。相对于在特定的历史环境中所做的个别理论判断和具体结论而言，基本原理是对事物本质和发展规律的概括，具有普遍和根本的指导意义。"正是在这一意义上，我们说老祖宗不能丢，很重要的就是马克思主义基本原理不能丢。[①]

研究生通过学习马克思主义基本理论，可以认识马克思主义的基本立场、基本观点、基本方法，掌握马克思主义基本原理，特别是科学社会主义和政治经济学的相关知识，并且以科学的态度全面系统地把握马克思主义理论体系，可以为中国化马克思主义的学习奠定基础。

党的十八大以来，以习近平同志为主要代表的中国共产党人以巨大的政治勇气和强烈的责任担当，提出一系列新理念、新思想、新战略，从理论和实践结合上系统回答了新时代坚持和发展什么样的中国特色社会主义、怎样坚持和发展中国特色社会主义这个重大时代课题，对"三大规律"的认识和把握不断深入，在理论上坚持继承、突破创新，逐步完善了中国特色社会主义理论，创立了习近平新时代中国特色社会主义思想，使科学社会主义在中华大地重新焕发出蓬勃生机。习近平新时代中国特色社会主义思想是21世纪的马克思主义，是社会主义进一步发展的科学探索和总结概括，为新时代中国特色社会主义理论与实践的教学提供了坚实的理论依据。

---

① 习近平：《中国共产党90年来指导思想和基本理论的与时俱进及历史启示》，《学习时报》2011年6月28日。

通过对中国特色社会主义理论体系的学习，研究生可以掌握中国化马克思主义的最新理论成果，有助于全面了解中国特色社会主义的基本理论观点，深刻把握中国特色社会主义的科学真理性和历史必然性，不断增强对中国特色社会主义的理论自信、制度自信、道路自信和文化自信。以马克思主义理论为核心，对近现代中国历史以及中国特色社会主义理论体系的认知并掌握，通过熟读精思、学深悟透，有助于不断提升研究生的马克思主义理论素养，增强对基本原理的理解和运用能力，强化问题意识，深入研究新时代中国特色社会主义面临的重大理论和实践问题，不断提高分析问题和解决问题的能力。同时，强化战略思维、历史思维、创新思维、辩证思维、法治思维、底线思维，切实提升思维能力。只有这样才能更全面深刻地认识和理解中国特色社会主义理论，更加坚定中国特色社会主义自信。

马克思曾深刻地指出，"理论一经掌握群众，也会变成物质力量。理论只要说服人，就能掌握群众；而理论只要彻底，就能说服人"。从本质上看，不仅仅是"新时代中国特色社会主义理论与实践"课程，乃至整个高校思想政治理论课就是要把立德树人作为中心。要发挥好这一功能，首先要求高校思想政治理论课教师应重点提高自身的理论水平和理论素养，在马克思主义基本原理和习近平新时代中国特色社会主义思想上下苦功夫，避免在缺乏"学理性"的基础上片面地谈政治，在缺乏"政治性"的前提下抽象地谈学理。只要理论传播者的理论水平达到了科学解释和科学阐述的学理高度，那么"中国特色社会主义理论与实践研究"课程就必然能够说服学生，并为学生所掌握。

二、教材体系是"新时代中国特色社会主义理论与实践"课程的支撑

理论体系转化为教材体系，是课程实施过程的第一次转化和飞跃，主要

解决"教什么"的问题。教材体系是一个包含教学基本内容的书面材料系统，它是依据教学大纲规定的教育目标、教学内容、知识的内在联系以及教学方法的要求，通过简洁明了的文字，系统地阐述一门课程的知识体系，是教师开展教学的主要依据，是学生进行学习的基本材料，是学生获取知识的一大重要来源，对教师教学过程的设计和学生认知结构的形成发挥着教学指导、知识载体以及实用参考的价值。《中国特色社会主义理论与实践研究（2018 年版）》是马克思主义理论研究和建设工程重点教材、硕士研究生思想政治理论课必修课教材。2018 年为推动习近平新时代中国特色社会主义思想进教材、进课堂、进头脑，深入贯彻落实党的十九大和十九届二中、三中全会精神，中宣部、教育部组织专家学者对"中国特色社会主义理论与实践研究"教学大纲进行了全面修订，广泛听取了高校思想政治理论课教师和研究生的意见和建议，此次修订将原来的教学大纲改为教材的形式进行编写。

本教材体系着重从专题研究的角度向硕士研究生讲授思想政治理论课，从理论与实践的结合上，对中国特色社会主义理论体系，特别是习近平新时代中国特色社会主义思想和中国特色社会主义经济建设、政治建设、文化建设、社会建设、生态文明建设、国际战略以及党的领导和党的建设等方面进行了专题阐述。通过学习，有助于研究生系统了解中国特色社会主义理论发展和实践，探索最新成果，牢固树立中国特色社会主义共同理想。与此同时，教材体系还着重阐述了中国特色社会主义开创、发展的时代背景、历史条件、实践基础，阐述了新时代中国特色社会主义的基本内涵、基本方略、战略安排等问题，进一步揭示了中国特色社会主义是当代中国发展进步的根本方向。今天我们比历史上任何时期都更加接近中华民族伟大复兴的目标，实现中国梦是国家情怀、民族情怀、人民情怀相统一的梦，是中华民族近代以来最伟大的梦想，我们每个人都要自觉担当起实现中国梦的历史使命。通过学习，有助于研究生认清新时代、新矛盾、新要求，把握社会发展趋势，将当前学习和未来发展有机结合起来，将个人发展同社会发展趋势结合起来，在时代大潮中建功立业，成就宝贵人生，促进成长成才。牢固树立为实现中华民族伟大复兴而奋斗的信心，自觉培育和践行社会主义核心价值观，做到勤学修德、明辨笃实，扣好人生每个阶段的扣子，使人生有信念、有梦想、有奋斗、有奉献。

本教材体系不仅全面体现了思想政治理论课教学目标的具体要求，而且切实体现了学生学习的规律，在本科《毛泽东思想和中国特色社会主义理论体系概论》教材的基础上，做到了步步高步步深，更加注重教材内容的理论性、研究性、学术性，更加注重在课程学习基本知识的基础上，不断增强研究生独立研究和思考问题的能力，努力达成新认识，收获新体会，以利于理论知识的建构。包括导论和九章内容，大致可以分为四个大的部分，第一部分为导论，第二部分为第一章至第二章，第三部分为第三章至第八章，第四部分为第九章。逻辑线索是第一部分从阐释中国特色社会主义的开创和发展，到中国特色社会主义理论体系的形成和发展，再具体到习近平新时代中国特色社会主义思想，最后说明了学习本课程的目的、意义和方法；第二部分重点研究了中国特色社会主义进入了新时代，在新的历史方位上中国共产党人新的历史使命；第三部分重点研究了要完成新时代新的历史使命，中国共产党人必须开启中国特色社会主义经济、政治、文化、社会、生态文明"五位一体"的建设，构建新型国家关系、推动构建人类命运共同体；第四部分着重研究了完成新的历史使命的根本保障——坚持党对一切工作的领导，并开启全面从严治党，以确保中国共产党能够带领中国人民实现中华民族伟大复兴的中国梦和"两个百年"奋斗目标。

三、教学体系是"新时代中国特色社会主义理论与实践"课程的核心

教材体系转化为教学体系，是课程实施过程的第二次转化，主要解决

"怎么教、怎么学"的问题。教学体系是指思想政治课教师以学生为主体，以《新时代中国特色社会主义理论与实践》教材为基本遵循，对教学内容进行教学设计，发挥教师的主导作用，通过师生共同参与的教学活动，以实现思想政治理论课教学目标的过程。

具体言之，一是教学体系的主体是研究生。随着研究生招生规模的不断扩大，研究生作为高校教育的主体地位越来越凸显，因此研究生教育的水平和质量成为高校学术水平和学术地位的重要标志。其一，研究生是学习的主体。研究生首先是学生，不管是硕士生还是博士生，和本科生一样都是高校的学生，其主要和首要的任务就是学习。其二，研究生是研究的主体。当然，研究生除了和本科生一样在校的主要和首要任务是学习之外，更重要的是研究的主体。他们不仅仅是接受知识，更多的是思考问题、研究问题，从研究深度上来看，是本科生所不能及的。其三，研究生是人才的主体。研究生相比于本科生而言，其主要的学习任务是研究，其研究的专业和领域应更深、更精，理应成为国家高层次人才。其四，研究生是创造的主体。研究生是专门从事研究的学生，而研究的动力则来源于源源不断的创造，因为"创造是教育的最高境界和最终目的"。在研究生思想政治理论教学体系实施过程中，必须在牢牢把握研究生是高校教育的学习的主体、研究的主体、人才的主体、创新的主体的基础上，紧密围绕教育的对象性特征，研究研究生这一特殊人才培养层次的思想政治理论教育的一般性原则和方法，并准确把握研究生群体特点，对症下药，研究和拓展研究生思想政治理论教育的教学方法、手段和教学模式。教师在教育教学实践的具体操作过程中，做到统筹兼顾，把思想政治教育的原则性和具体教育教学实践活动的灵活性统一起来，使研究生思想政治理论教育的以理育人、以理化人功能得到真正彰显。因为教学过程包括教师的教和学生的学，教学体系也是通过教师的一系列行为将教师与学生联系起来的过程，在这个过程中，教师发挥主导作用，通过引导和激发研究生学习的积极性和主动性，双向互动，最终达到教学目标。

二是教学体系是对教材体系的再创造。教材体系是教学体系的支撑，在研究生"新时代中国特色社会主义理论与实践"的教学过程中，教学内容的选择、教学手段和教学方法的确定都以高等教育出版社出版的马克思主义理论研究和建设工程重点教材为支撑，教师通过对教材的解读，将教材语言转化为教案语言，将教案语言转化为教学语言，通过各种方式进行课堂讲解，使学生将教材内容吃透吃深。教师在教学过程中始终发挥主导作用，教学体系本身是对教材体系的再创造，而这个再创造过程由教师完成，同一教材体系因教师学术背景等多种因素的共同作用，使教学体系呈现出差异性。教师通过自己的理论专业素养、经验、能力和风格等对教材体系进行再设计，形成一套独特的教学体系，增进研究生对教材体系理解和认识的深化。教师在教学过程中，对教材内容有选择地进行筛选，突出教学的重难点，并根据教学目标有针对性地设计教学内容和教学案例。在"新时代中国特色社会主义理论与实践"的教学内容设计上以"专题教学"为主，设计了科学社会主义与中国特色社会主义理论体系、中国特色社会主义的历史方位、中国特色社会主义经济建设、政治建设、文化建设、社会建设、生态文明建设的理论、中国共产党的领导是中国特色社会主义制度的最大优势等专题板块。在每个专题的教学中，把理论探讨、前沿介绍与重大现实问题研究结合起来，强调问题意识，突出学术品位，并把思想引领这根红线贯穿其中。通过若干专题的串联，形成了融政治性、学术性、知识性于一体，具备逻辑与历史一致性的系列专题教学。同时，这些专题基本上涵盖了当代中国所遇到的重大理论和实践课题，对这些课题做出有学术逻辑和理论深度的解答，就可以向研究生讲清楚中国特色社会主义理论和实践既坚持了科学社会主义的基本原则，又根据时代发展和中国实际赋予其鲜明的中国特色，讲清楚在中国特色社会主义发展过程中全面建成小康社会和实现中华民族伟大复兴，是对马克思主义的创造性发展。只有以学术和重大问题为导向，在教学过程中让研究生不断有新收获，在学术上有深刻的理论冲击，才能在思想上给研究生以实质性的影响。①

与此同时，教师在将教材体系转化为教学体系的过程中，采用一系列的教学方法，比如讲授法、探究式讨论法、情景教学法等。通过各种形式的教学方法，并且借助于现代化教学手段多媒体、慕课、翻转课堂等，增加了教学手段的多样性，扩大了教学信息量，也增加了教学的直观性，从而使教师能够很好地将马克思主义理论知识融会贯通地传授给学生，使教材体系也更容易地为研究生所掌握，理论体系才能够真正入脑入心，从而凸显了教学体系在"新时代中国特色社会主义理论与实践"课程中的核心地位和作用。

四、话语体系是"新时代中国特色社会主义理论与实践"课程的关键

教学体系转化为话语体系，是课程实施过程的第三次转化，主要解决怎么将课程目标和内容转化为研究生的知识、信念和品德的问题。话语体系是人们在一定社会语境中形成的思想理论体系和知识体系的外在形式，用以表达特定的思想立场和价值观念。纵观人类社会发展历史，每一个民族都有代表其民族特色的话语体系，每一个时代都有体现其时代特征的话语体系，每一个社会也都有象征其价值取向的话语体系。习近平总书记在哲学社会科学工作座谈会上旗帜鲜明地指出，要着力构建能够充分体现并彰显中国特色、中国风格和中国气派的学科体系、学术体系和话语体系。② 其中，话语体系既是学科体系和学术体系的前提要件，也是构建中国特色哲学社会科学的关键。进入新时代和历史新方位，构建话语体系亟须重点聚焦于强化对中国特

---

① 孙代尧、李健：《"中国特色社会主义理论与实践研究"课的教学理念、思路和方法》，《思想理论教育导刊》2016 年第 2 期。
② 习近平：《在哲学社会科学工作座谈会上的讲话》，《人民日报》2016 年 5 月 19 日第 2 版。

色社会主义道路、理论、制度与文化维度的宣传、阐释与推介；同时，话语体系构建力度的持续强化，既能够促进全社会对中国特色社会主义的认知、认可、认同与接受，进而有利于坚定对中国特色社会主义道路、理论、制度和文化的自信，也能够在客观上助益和推动中国特色社会主义在国际层面的传播时效，进而树立良好的国际形象和增强国际影响力。

2020 年 7 月，习近平总书记对研究生教育工作作出重要指示，指出适应党和国家事业发展的需要，坚持"四为"方针，瞄准科技前沿和关键领域，深入推进学科专业调整，提升导师队伍水平，完善人才培养体系，加快培养国家急需的高层次人才尤为重要。因此，建构研究生思想政治理论课程"新时代中国特色社会主义理论与实践"的话语体系已迫在眉睫。这不仅是研究生教育工作发展的需要，更是为建设社会主义现代化强国提供更坚实的人才支撑的需要。只有建构灵活、多样与科学、完备的话语体系，才能更好地完善研究生思想政治理论教育体系，引领学科发展，引导舆论，严格校风学风，促进研究生教育高质量发展。

话语体系的建构只有建立在科学话语理论的基础上，才会有真正的说服力、感染力与吸引力。恩格斯在评价马克思《资本论》的科学成就时曾指出："一门科学提出的每一种新见解都包含这门科学的术语的革命。"[1] 对"术语的革命"在科学发展史上的意义，托马斯·库恩在《科学革命的结构》中有过类似的说法。他认为，"科学革命就是科学家据以观察世界的概念网络的变更"，"接受新范式，常常需要重新定义相应的科学"，"界定正当问题、概念和解释的标准一旦发生变化，整个学科都会随之变化"[2]。在《必要的张力》中，库恩认可，他所说的"科学革命"，指的就是"某些科学术语发生意义变革的事件"[3]。当前"新时代中国特色社会主义理论与实践"课程教学中学术话语体系，同样集中体现于"术语的革命"上。在不

---

① 《马克思恩格斯文集》第 5 卷，人民出版社 2009 年版，第 32 页。
② 库恩：《科学革命的结构》，北京大学出版社 2012 年版，第 88、91 页。
③ 库恩：《必要的张力》，福建人民出版社 1981 年版，第 XIV 页。

断走向成熟的中国特色的系统化理论中，形成了诸如社会主义初级阶段、社会主义主要矛盾、社会主义本质、"三个有利于"、经济体制改革、经济新常态、发展理念、国有经济、民营经济、小康社会、家庭联产承包责任制、先富和共富、社会主义市场经济、对外开放等属于原创性的"术语的革命"，还有更多的属于批判继承性的"术语的革命"。这些自然成为中国特色社会主义理论与实践的"崭新的因素"，成为当代中国化马克思主义理论的中国话语和学术范式的显著标识。因此，充分重视中国特色社会主义理论与实践中的原创性的"术语的革命"，正确辨明批判继承性的"术语的革命"，是推进"新时代中国特色社会主义理论与实践"课程话语体系建设和发展的重要工程和标识。

以"新时代中国特色社会主义理论与实践"教学体系中的新发展理念内容为例，创新、协调、绿色、开放、共享的五大发展理念，对于中国特色的"系统化的经济学说"发展来说，最显著的就在于学术话语权上的"术语的革命"。五大发展理念，立足于中国经济社会发展的实践，在深刻洞察国内外发展实然状况与应然趋势的基础上，以强烈的问题意识，致力于破解发展难题、增强发展动力、厚植发展优势，是制定国民经济和社会发展规划的指导思想和指针。同时，由创新、协调、绿色、开放、共享这五个方面构成的新发展理念，拓展了中国共产党人的发展观，深化了对中国特色社会主义经济发展规律的认识，是当代中国马克思主义政治经济学的新范畴、新概念、新表述，是对中国特色社会主义政治经济学的核心观点、基本立场和根本方法的表达，是对当代中国马克思主义政治经济学学术话语体系建设的巨大贡献。新发展理念，对全面建设社会主义现代化国家和实现第二个百年奋斗目标发挥着引领作用。其中，创新是引领发展的第一动力，协调是持续健康发展的内在要求，绿色是永续发展的必要条件，开放是国家繁荣发展的必由之路，共享是中国特色社会主义的本质要求。新发展理念的这些丰富内涵，是当代中国马克思主义政治经济学的"术语的革命"，是中国特色社会主义政治经济学学术话语体系发展的显著标识。新发展理念对中国特色社会主义经济建设关于发展实践的理论和学说的凝练和总结,为当代中国马克思主义政治经济学的"系统化的经济学说"的发展奠定了坚实基础,是对当代中国马克思主义政治经济学学术话语权的提升。[①]

话语体系是"新时代中国特色社会主义理论与实践"课程的关键,要求高校思想政治理论课教师在教学过程中必须将对政治话语的阐述建立在学术话语的解释基础之上,用中国的理论研究和话语体系解读中国实践、中国道路,不断概括出理论联系实际的、科学的、开放融通的新概念、新范畴、新表述,打造具有中国特色、中国风格、中国气派的哲学社会科学学术话语体系,用科学的理论、丰富的内容以及强大的真理力量来征服学生,让学生感受到马克思主义的理论深度、政治高度和未来向度,从而引导学生树立坚定的理想信念,使学生在学习过程中感受理论的真理性,实现"在学中信和在信中学"的良性互动状态。

总之,"新时代中国特色社会主义理论与实践"课程的理论体系、教材体系、教学体系和话语体系是一个动态的有机运行的系统,具有内在的逻辑关系。"四维体系"的建构,必须充分掌握和谙熟作为基石的理论体系,以教材体系为支撑,以教学体系为核心,以话语体系为关键,把"新时代中国特色社会主义理论与实践"的教学内容和要求通过灵活多变的形式转化成鲜活的、生动的教学过程,遵循话语形成与发展规律,充分发挥教师与研究生的创造性和主动性,增强教学效果的有效性和针对性,最终达到教学的目标,培养出德智体美全面发展、具有马克思主义理论素养的社会主义建设者和接班人。

---

① 顾海良:《新发展理念助推中国政治经济学学术话语权提升》,《社会科学文摘》2016年第6期。

高校大学生思政课中融入创新教育的教学设计思考①

何艺新

习近平总书记在 2021 年召开的两院院士大会、中国科协十大上讲道："当今世界的竞争说到底是人才竞争、教育竞争。要更加重视人才自主培养，努力造就一批具有世界影响力的顶尖科技人才，稳定支持一批创新团队，培养更多高素质技术技能人才、能工巧匠、大国工匠。"② 这不仅为高校人才培养指明了方向，也为高校创新型人才培养确定了目标。创新教育在高校人才培养中位置是举足轻重的，应是全方位、全课程的体现。思政课是人才培养的关键课程，③ 理应在思政课的教学中融入创新教育的内容。

一、思政课教学中明确融入创新教育的目的

大学生创新教育，不仅应该有专业课上的创新教育、专门的大学生创新

---

① 本文系四川大学新世纪高等教育教学改革工程（第九期）"深化大学生创新教育的理路与设计思考"（SCU9103）的阶段性成果。

② 习近平：《在中国科学院第二十次院士大会、中国工程院第十五次院士大会、中国科协第十次全国代表大会上的讲话》，《人民日报》2021 年 5 月 29 日第 2 版。

③ 《习近平在全国高校思想政治工作会议上讲话　把思想政治工作贯穿教育教学全过程　开创我国高等教育事业发展新局面》，中华人民共和国教育部，http://www.moe.edu.cn/jyb_xwfb/s6052/moe_838/201612/t20161208_291306.html。

创业课上的创新教育，还应在思想政治理论课上融入创新教育。但是在具体的专业课上以及专门课上的创新教育与思政课上的创新教育是有着很大不同的，前两者多是在某专业领域或者某种创业视域下的理论与实践，在方法上、视角上是不同的。思政课始终坚持立德树人的根本任务，教学中明确知识目标、能力目标和素质目标的教学目的，需要把握好教师主体与学生主体的关系，既要有教师的传道授业解惑，也要有学生的自主学习与实践，在创新教育中更加着重解决思想认识与思想观念问题，树立创新意识，着重培养创新思维能力和担当主人翁意识，传承创新精神。因此，在教学上应着重解决改革创新的重要性、如何培养创新思维以及价值取向问题。

二、思政课教学中厘清为什么要 学习认识改革创新

针对这个主题，在思政课上首先可以考虑以案例导入的方式来让大学生们思考改革创新的重要性。比如：近年来"芯片"成了高频词，是什么原因令中央、地方、各行各业乃至普通老百姓都关"芯"呢？说到底这是"卡脖子"的关键核心技术，因为受制于美国，影响着某些领域的进步与发展。尽管多年来美国的霸权主义在线，但多少还略显矜持、隐形。到了2018年，中兴事件、孟晚舟事件、华为事件、中美贸易战、一次一次制裁名单等，一切摆在明面上。中兴事件中美国制裁中兴企业达15亿赔款、调换管理层以及派驻观察员等；华为财务总监孟晚舟在美国指使下被加拿大扣留1028天；华为5G技术应用以及手机制造等受到美国遏制等。尽管这是21世纪，中国已经是第二大经济体、第一制造大国，但是这些事件总会令人想到曾经的一个个不平等条约，一次次割地赔款。这一切事件背后体现的是霸权主义，运用的是冷战思维，零和游戏。但同时能够被"卡脖子"也说明我们在某些方面还落后，确实存在差距，需要不断地改革创新。于是创新始终成了各方话题的主角。

（一）认识创新的重要性

从前述的几个事件来看多为科技创新范畴，但是理解创新不仅仅局限于科技领域。所谓创新一定不同于以往，不同于发现，一定是要改变的、有进步的；不仅有科技创新，也有文化创新，更有理论创新、制度创新；也就是说创新体现在思想上、理念上；也可以在理论上、制度上；还可以在运行上、技艺上等。发现不是创新，尽管发现也极其重要，没有发现就不会有创新，但发现只是存在的事物通过人类的活动被认识。创业也不能等同于创新。大学生创业存在一定的创新，极个别项目具有技术创新和市场效益，比如共享单车项目的成功。但大多数都只是重复模仿，更多体现为项目、技术、资本等，对提高大学生就业率有助益，在真正的有核心竞争力上是少之又少，这也在一定程度上影响着大学生的创业热情。因此有必要在教学中引入创新重要性的认识问题，没有创新就不会有发展。具体可以通过计算机—互联网—智能科技的发展变化这个案例来介绍，计算机的出现给人类社会带来了极大的进步，互联网的出现让世界成了地球村，智能科技的发展更是改变着人与社会的方方面面。在这个过程中，尤其如电脑、智能手机、共享汽车单车、万物互联、人工智能等，很多都是我们每天亲身在感受着的，仅仅这一相关链接就出现了盖茨、扎克伯格、马云、马化腾、任正非等中外企业家，美国因此成为网络帝国，中国也成了互联网大户，全世界会在双十一共嗨购物节。这种直观性会带给每个人内心的真实感受，创新于国家、于社会、于个人都是极其重要的，是会促发改变的。当然教学中也可以设计学生的小组讨论互动，让同学们自己来谈感受，从中认识基本观点要改变要进步就要有创新。

（二）回望创新是中华民族禀赋

习近平总书记说："创新是一个民族进步的灵魂，是一个国家兴旺发达的不竭动力，也是中华民族最深层的民族禀赋。"① 中华文明有着我们引以为傲的古代四大发明，今天我们又有了新四大发明，这是创新实践的成果，为中华文明和世界文明作出了贡献。针对不同专业设计不同的案例。如果是文科学生可以以故宫的文创来印证，中华民族创新意识如何把传统文化创新性转化与发展；如果是理工科生可以以都江堰治水为案例，这是中国的创举更是世界的创举，就是自主创新解决国家社会问题造福人民；如果是文科生可以以诺贝尔奖得主屠呦呦发明青蒿素为例，正是创新精神寻找新事物为全世界解决疟疾疾病作出了重大贡献等。2021 年是中国共产党成立 100 周年，我们通过学习"四史"，就会知道百年来的辉煌历程，也是不断创新的历史，认识我们党的理论创新、制度创新、文化创新、科技创新等。通过百年的探索，我们找到了马克思主义，但我们不断与中国实际相结合产生了中国化的马克思主义，有了毛泽东思想、邓小平理论、"三个代表"重要思想、科学发展观、习近平新时代中国特色社会主义思想，成了指导中国特色社会主义伟大实践的理论。通过百年的探索，我们创建的各种制度，充分体现出了社会主义制度的优越性，尤其党的十九届四中全会提出，"坚持改革创新、与时俱进，善于自我完善、自我发展，使社会始终充满生机活力"，是我国国家制度和国家治理体系 13 方面的显著优势之一。通过百年的探索，中华民族传统文化的创新性转化与创新发展、革命文化的传承与发展、社会主义先进文化的不断涌现，使我们更加自信。通过百年的探索，我们的两弹一星、航空航天、高铁、超级计算机、大飞机、天眼、北斗导航、5G 技术等，太多太多的科技创新支撑着我们迎来强起来的新时代。

（三）把握创新的现实需要

回顾是为了望今。中华民族伟大复兴是我们的战略全局。看当今国际正

---

① 习近平：《在欧美同学会成立 100 周年庆祝大会上的讲话》，《人民日报》2013 年 10 月 22 日。

处于百年未有之大变局，国内正处于以国内大循环为主体、国内国际双循环相互促进新发展格局中，改革创新依然是时代要求。第一，创新是时代要求的第一动力。可以通过四次工业革命来说明。正是因为英美等国家引领了前几次的工业革命，经历蒸汽时代到电气时代、钢铁时代到信息化时代，就是在不断地创造发明，凸显出创新是发展的第一动力。中国没有赶上前面的工业革命，一直处于追跑、跟跑，到部分领跑，没有创新，就会永远落后。第二，创新是国际竞争的集中体现。毛主席曾经说过"落后就要挨打"。2018年4月9日一张照片刷爆朋友圈，照片中叙利亚外交官驻联合国代表贾法里怅然独坐，显得无奈又无助。在联合国安理会召开的叙利亚化学武器问题紧急会议上他想告诉世界一点：没有使用、也没有理由使用化学武器。他怒斥美国以谎言发动侵略战争，劣迹斑斑。但是这些"绅士"的西方代表纷纷离场，听都不听一句。这说明什么呢，弱国无外交。"在激烈的国际竞争中，惟创新者进，惟创新者强，惟创新者胜。"① 只有通过不断的创新，国家才能强大，才有国家竞争力，才会有国际话语权。第三，创新是赢得未来的必然要求。"老路走不通，新路在哪里？就在科技创新上，就在加快从要素驱动、投资规模驱动发展为主向以创新驱动发展为主的转变上。"② 在党的十九届五中全会公报关于2035年基本实现社会主义现代化远景目标中明确：……"关键核心技术实现重大突破，进入创新型国家前列"……这是从国家战略高度把创新列入到了目标任务，说明了创新的极端重要性。纵观世界各国，美国、英国、欧盟、日本、韩国等都有国家层面的创新发展战略规划，中国要实现中华民族伟大复兴的中国梦，也唯有创新。在2016年党中央就颁布了《国家创新驱动发展战略纲要》，就是把我国建设成世界科技强国。通过全方位的创新与发展，才会立于不败之地，才会真正赢得未来。

---

① 习近平：《在欧美同学会成立100周年庆祝大会上的讲话》，《人民日报》2013年10月22日。

② 习近平：《在中国科学院第十七次院士大会、中国工程院第十二次院士大会上的讲话》，《人民日报》2014年6月10日第2版。

三、思政课教学中大学生创新
教育重在创新思维

创新涵蕴着创造力、竞争力，需要依靠大量的科技人才。但人才培养不是一蹴而就的，不是简单知识的灌输与学习。因此，在思政课教学中必须清楚重点在哪里。在目前的教学中还没有形成健全的课程体系，创新教育整体还不成熟，过于单一理论灌输，或流于形式，条件保障也不够。改变现状就在于找准创新教育的出发点与落脚点。思政课解决创新的什么问题呢，应在着重培养创新思维。

（一）以学生为中心设计教学环节

对于大学生而言，其认知能力尚不完善、情感不稳定、意志水平不平衡、思维能力易主观片面，他们反感满堂灌的同时，还是希望教师在教学过程中能讲清楚相关内容。在充分考虑学生的特点与需求基础上，让学生掌握一定知识再接触相关案例、互动及体验。因此就应研究学生的特点，调研不同阶段大学生的实际需要，以学生的语言与关切融入教学内容，加深他们对相关教学内容的认识和把握，提升思维能力。[①] 同时针对不同的专业可以给出相关的开放性问题引发头脑风暴，要有教师与学生"双主体"及学生与学生"主客体一致"的意识，避免只看重教育主体的主体地位和主导作用，而忽略接受主体的主观能动作用。大学生在创新思维意识建立过程中，就是在认识的基础上，有内心的内化选择认同，然后外化为具体的实践。

---

① 何艺新：《"以人民为中心"思想引领大学生人生观教育研究》，《河南社会科学》2019 年第 4 期。

（二）强化兴趣培养激发求知欲

在多年的教育教学中发现，大一新生中迷茫不知发展方向的比例很高，很多同学的专业也是调剂或者听从家长老师朋友意见，自己不了解甚至会逐渐发现不感兴趣。这就正契合了创新教育的目标要求。于是在教学设计中可以设计兴趣开发游戏，让大学生通过认知自我，找到自己的兴趣点，进一步发现自己的基础怎样，有多少可迁移能力，需要补充什么，这样就会为明确个人发展学习方向，带来强烈的求知欲。在兴趣不断开发、知识逐渐积累的过程中，一定会促发他们的灵感，从而就会出现越来越多新鲜的成果，这就有助于培养大学生们的创新思维能力。

（三）培育创新思维重在实践能力

在教学中需要明确的是创新的内容不是单一的，创新的范围是宽泛的、多元的、开放的，没有固有的模式可套。但是在培养具有创新思维的过程中，尝试、体验、实践还是很关键的因素。因此，在教学设计中要安排大学生一定的自主学习，自主学习能力也是一种创新思维培养的方式，在课堂学习与自主学习的结合中有质疑、有批判，通过同学们的相互分享使能力提升。教学中还要设计团队协作能力的培养，给出主题实践要求，然后自行组队，在创意的过程中学会如何借鉴彼此又通力合作，从而就能理解创新需要合作，学会处理好创新与个人、社会及国家的关系。

四、思政课教学中引导大学生
成为改革创新的生力军

习近平总书记讲道："广大青年一定要勇于创新创造。生活从不眷顾因循守旧、满足现状者，从不等待不思进取、坐享其成者，而是将更多机遇留给善于和勇于创新的人们。青年是社会上最富活力、最具创造性的群体，理应走在创新创造的前列。"① "培养造就一大批具有国际水平的战略科技人才、科学领军人才、青年科技人才和高水平创新团队。"② 这不仅是国家的战略，也是对青年人提出的具体要求。

（一）要有以人民为中心的价值取向和价值遵循

俗话讲得好"水能载舟亦能覆舟"。前几日一则新闻：公安部网安局公布了一则国内知名高校大学毕业生组团开发投资诈骗类 APP 骗资上亿元，受害人遍布全国的新闻。这样高智商高科技的犯罪，就是创新用错了地方，走错了方向。因此，思政课上的创新教育一定要引导大学生们树立正确的创新观。必须坚持"以人民为中心"思想的价值遵循，体现正确政治方向和价值导向的引领。从抗击新冠疫情来看，战略上形成了坚定信心、同舟共济、科学防治、精准施策的疫情防控总要求；组织上形成了党中央统一指挥、各级党委充分保障、各党支部发挥战斗堡垒、各级党员干部靠前指挥深临一线、全体人民共同抗疫的大格局；政策上形成了医保支付、治病免费、应收尽收、一线补助、医护关爱、财政贴息、大规模降费、缓缴税款等保证人民生命健康为第一位的惠民抗疫制度体系；方法上形成了从群众中来、到群众中去的群众路线结合科学与信息技术开发运用的联防联控、群防群控共同抗疫模式……战疫情的所有的出发点就是"确保人民群众生命安全和身体健康，是我们党治国理政的一项重大任务"③。无论是在战略上，还是战术的组织、政策、方法上等都充分体现出了人民性。大学生的称号不仅是文

① 习近平：《在同各界优秀青年代表座谈时的讲话》，《人民日报》2013 年 5 月 5 日。
② 习近平：《决胜全面建成小康社会　夺取新时代中国特色社会主义伟大胜利——在中国共产党第十九次全国代表大会上的报告》，《人民日报》2017 年 10 月 28 日。
③ 《中共中央关于坚持和完善中国特色社会主义制度　推进国家治理体系和治理能力现代化若干重大问题的决定》，人民出版社 2019 年版，第 11 页。

化层面的体现，也是神圣责任的象征。同时，在当代大学生中存在"佛系""躺平"的追求、一定程度精致的利己主义以及缺乏奉献意识的现象，归因还在价值导向问题。国家民族的前途命运寄予在他们身上，更要有一群之我的家国情怀、公益之心。大学生能否选择正确的方向无比重要。在大学生创新教育中以这一思想为指引，引导大学生具备正确的政治立场，在未来创新实践和参与国家治理中，就会坚持正确的政治方向，体现人民性，始终把人民群众的利益放在心上，就会有理解的思想高度、实践的深度、效果的厚度。就会激发出青年大学生奋发有为、立志为民为国的无穷动力，从而告别"佛系青年"，争当时代先锋，不断在为人民做好事办实事中实现个人价值与社会价值的统一。在为民谋幸福中创造自己出彩的人生。

（二）大学生要有创新的自觉意识

国家的强盛靠每一位中国人的努力，更靠青年人的努力。大学生是青年中的精英，更应有努力引领的自觉。社会在进步，时代在发展，一代人有一代人的责任与担当，新时代的大学生更应赓续革命传统，争做有理想、有责任、有担当的时代新人。我国正在努力进入创新型国家前列，但这绝不会一蹴而就，往往需要的是整体水平的提升和几代人的不断努力，需要培养出更多的创新型人才去不断创新引领航标，提升我国各领域的国家竞争力。大学生是创新型人才培养最重要的群体，大学生富有想象力和创造力，是改革创新的生力军。因此，教学设计上重在引导大学生创新的自觉意识。一方面是大学生的责任感使命感，通过学习早期无产阶级革命家们的事迹，比如李大钊带领北大的一批青年学生，本可以过着优越的生活，但是却在为开创新中国之路苦苦追寻不惜献出了宝贵生命，激发大学生自觉投身到新时代的改革创新实践中。一方面是大学生勇于探索破除常规的担当精神，通过一代代年轻人的作为，比如农村创客秦玥飞的事迹，一位最美村干部，展现了当代青年创新的精神风貌，激发大学生要明大德自觉尝试创新创造。

（三）增强改革创新的能力本领

当前阶段，中美之间全面凸显的战略竞争格局表现在科技创新领域，尤其是美国针对中国当前和未来的重点产业、战略新兴产业所采取的全面技术封锁与遏制策略，发生的企业事件充分暴露出中国在关键核心技术创新领域自主能力的缺失和不足，特别是中国正处于向创新驱动发展模式转变以及全面落实经济高质量发展战略目标的关键时期，能否有全面突破，既关乎国家产业链的安全问题，也关乎能否突破目前以美国为首的西方发达国家针对中国发起的技术封锁和遏制战略，关乎党的十九大制定的创新型国家建设战略目标能否按期顺利实现，更关乎社会的发展动力。因此，在教学中要引导大学生努力掌握知识，增强创新能力。创新能力虽然存在一定的天生潜能，但是后天培养更为关键。在具体指导中可以采取开发—启导—激活的方式，大学生开发自我，夯实基础知识；启发自我兴趣点，导向创新探索；激活自我挑战，积极参加实践。可以设计介绍大学期间的几大科技竞赛，大创、挑战杯、创青春、"互联网+"等，也可介绍国家、省、市、校各级创客中心、I创街等信息政策，无论什么专业都能参加，既有学科前沿又有学科交叉，既有科技创新又有制度创新，既有理念创新又有文化创新，实战训练，锻造品格，磨炼意志，积累经验，增强能力。

"当今世界，谁牵住了科技创新这个'牛鼻子'，谁走好了科技创新这步先手棋，谁就能占领先机、赢得优势。"① 改革创新是当代中国最突出、最鲜明的特点。大学生努力成长为创新型人才，成为勇于牵这个"牛鼻子"的人，为国家早日实现世界创新型国家前列的战略目标、提升国家竞争力作出贡献！

---

① 习近平在上海考察时的讲话，2014年5月23日至24日。

中华优秀传统孝文化融入
家庭美德教育的思考

申圣超

当今社会，在各种社会思潮的影响下，大学生的思想呈多元化发展趋势。大学生在给社会带来正能量的同时，也出现了一些自残、自杀，乃至杀人的现象。这表明，当代大学生在道德认知和道德行为等方面还存在一些问题。因此，利用中华优秀传统孝文化对当代大学生进行家庭美德教育，不仅对其树立正确的世界观、人生观和价值观有重要价值，对家庭美德、职业道德和社会公德建设亦具有重要的指导意义。

一、当代大学生孝道缺失及原因分析

（一）当代大学生孝道缺失的表现

1. 生命意识淡薄

近些年来，大学生自残、自杀，乃至杀人等事件屡屡发生。如 2014 年4 月，中山大学一名硕士生因毕业和就业双重压力而用自缢的方式选择了

"离开";2015 年 4 月,天津师范大学一学生因患病被孤立而烧炭自杀;2016 年 3 月,河南牧业经济学院一名大学生因不堪"校园贷"压力而跳楼身亡;2020 年 9 月,浙江理工大学一本科生因学业问题跳楼自杀;2021 年4 月,南京大学一博士生跳楼身亡;同月,中南大学一研究生坠楼身亡……自残、自杀者毁伤自己身体,让父母担忧;杀人者有可能身陷囹圄,不仅让自己的身体受到伤害,还会让父母感到羞辱,正所谓"身有伤,贻亲忧;德有伤,贻亲羞"(《弟子规》)。因此,上述行为表面上看是自己的事、与父母无关,其实恰恰是不孝的行为。

2. 缺少爱敬

很多学生懂得"善事父母"的道理,但在现实生活中,或不对父母尽孝,或即使尽孝,也多体现在物质方面。父母含辛茹苦将子女培养成大学生,但一些大学生却很少考虑父母的经济能力而盲目与他人攀比;即使偶尔给家里打电话,也多是讨要生活费和学杂费;等等。他们认为,孝就是给父母足够多的物质财富,所以经常有人说,现在没有钱,等将来有了钱再对父母尽孝。其实,这是一种误解。有时候相比于丰厚的物质生活,父母更看重的是精神上的关心。小到一个电话、一条短信,大到保护好自己的身体不让父母担忧。然而,在现实生活中,却出现了一些大学生残害家长的行为。如天津医科大学一学生因成绩不及格而被学校劝退。不敢将实情告诉家人的他,竟然起意与奶奶、父母同归于尽,最终将奶奶、父亲杀死。孝当固守之,而非固有之。孝更重要的在于践行。尽孝不分贫富贵贱,在物质匮乏时,酷暑为父母驱赶蚊蝇、寒冬为他们温暖被褥亦是孝。相反,给父母再多的物质财富,却不尊敬他们,亦不是孝。因为相对于"养",孝更重要的是"敬"。虽然很多大学生在读书期间,经济尚未独立,生活、学习等费用主要依靠父母,更别提在物质上奉养父母,但他们可以节约开支、尽可能减轻父母的负担;常常给家里打电话,多从情感上关心父母;有时间常回家看看,多陪陪父母,在有能力时尽量满足父母的物质需求。

3. 权利义务不对等

众所周知，子女在未成年时享有父母抚养自己的权利，同样，在成人后，亦有孝亲的义务。一些大学生由此认为，孝只是子女对父母的一种单向的道德行为，无论对错，都应完全听命于父母，不惜做出违背道德良俗甚至法律法规的事情。作为子女，孝亲乃天之经、地之义、民之行，但这并不意味着孝就是单向的顺从与尊敬。子孝亲乃理所当然之事，但亲亦应待子以慈。可见，孝是一种双向的道德要求，而非单方面的义务。在父母有错时，做子女的有劝谏的义务，帮其改正过失。当然劝谏时，要注意态度，讲究方式方法，尽可能做到情义兼尽。但如果认为"天下无不是底父母"（《琴堂谕俗编》卷上《孝父母续编》），而将孝理解为对父母的绝对顺从，则会造成对孝的曲解。

（二）当代大学生孝道缺失的原因分析

1. 市场经济影响

近年来，随着社会主义市场经济的逐步深入，在国内外各种社会思潮的影响下，拜金主义、享乐主义和个人主义盛行，见利忘义现象时有发生，传统道德受到严峻挑战，以致大学生对传统道德产生怀疑。同时，我国经济建设取得了举世瞩目的成就，但道德建设并未与之相适应，部分大学生的价值观出现偏差，个人利益凌驾于道德原则之上。一些大学生重视物质利益而忽视精神追求，他们对现实生活中事物的评价也多以个人利益为出发点，利益成为行为的直接动力，道德反而下降。长此以往，亲情淡漠、责任感缺失。

2. 教育缺失

"教"字左边是一个"孝"，说明教育是从"孝"开始的，家庭、学校和社会要密切配合，才能发挥更大作用。首先，从家庭教育来看，现在很多家里都是一个孩子。在家庭内部，独生子女集父辈和祖辈宠爱于一身，对其要求父母也几乎有求必应。如此一来，一些学生认为，家庭给予的一切是理所应当的，而从不考虑对父母的回报，更别提换位思考、感恩他人了。与此同时，在社会功利化的影响下，相对于道德修养，家庭更重视孩子的考试成绩等量化指标，导致不少大学生德、才发展不均衡。甚至少数家长自身亦有孝道缺失的问题，对子女产生了一定的负面影响。父母是孩子的第一任老师，家庭是孩子的第一所学校。进行孝道教育，父母要以身作则，用实际行动来影响子女。其次，从学校教育来看，在教学实践中往往重文化知识而轻道德素质；在评价指标中对教学评价比较细化而对道德评价则相对模糊，容易导致学生重才轻德的错误倾向。再次，从社会教育来看，自五四运动至"文革"期间，包括孝文化在内的中华传统文化遭到猛烈抨击，甚至被视为封建社会的糟粕而被全盘否定，致使国人在很长一段时间内忽视传统孝文化的教育，导致不少大学生的孝道意识淡漠。自改革开放以来，西方各种社会思潮涌入中国，对传统孝文化造成了极大冲击。

二、传统孝文化蕴含的思想政治教育资源

中华优秀传统孝文化蕴含着丰富的思想政治教育资源，具体来说，有以下几个方面。

（一）爱己之身

《孝经·开宗明义章》云："身体发肤，受之父母，不敢毁伤，孝之始也。"《论衡·四讳》曰："孝者怕入刑辟，刻画身体，毁伤发肤。"身体是父母乃至先祖生命的延续，因此，保护身体、珍爱生命，是孝亲的一种表

现。《孟子·离娄上》曰："事孰为大？事亲为大。守孰为大？守身为大。不失其身而能事其亲者，吾闻之矣。失其身而能事其亲者，吾未之闻也。"孟子指出，守身是孝亲的基础，只有首先保护好自己的身体，使之不受伤害，进而才能孝亲敬长。在《大戴礼记·曾子大孝》中曾记载这样一个故事：曾子的弟子乐正子春一次不小心扭伤了脚，等伤痊愈后，仍然不出门。弟子问其原因，乐正子春为自己扭伤脚一事感到惭愧，他借用夫子的话说，既然父母完整地给予子女身体，做子女的就要爱惜并最终完整地归还给父母。

当然，保护好自己的身体不受伤害，还有另外一层含义，即不辱亲。也就是说，遵守法律规范，使刑免于身。《论语·颜渊》曰："一朝之忿，忘其身以及其亲，非惑与？"如果因一时气愤而以身试法，不仅使自己的身体受到伤害，还会使父母受到羞辱。如曾震惊全国的云南大学学生马某因琐事将同学杀害、复旦大学硕士生林某为报复而将室友毒害，最终皆被判处死刑并被执行，这都是极大的不孝。所以说，当代大学生做到爱己之身，不仅要保护好自己的身体不受毁伤，还要遵纪守法、避免行政处罚等。

（二）爱敬亲长

《孝经·圣治章》云："不爱其亲而爱他人者，谓之悖德；不敬其亲而敬他人者，谓之悖礼。"是说孝不仅包含爱，更重要的是，要有敬心，正如《大戴礼记·曾子事父母》所载，事父母之道，在于"爱而敬"。父母辛辛苦苦养育子女，作为子女，理应懂得反哺，在条件允许的情况下，尽可能给予父母优越的物质生活。但仅仅做到这些，还不能称之为孝。正如《论语·为政》所说，如果将孝仅仅理解为"养"，而没有敬心，就和养犬马没有什么区别。所以说，事亲，难的不是物质奉养，而是和颜悦色，即"色难"。因此，事亲不仅要有养之行，更重要的是有敬之心。否则，"虽日用三牲之养，犹为不孝也"（《孝经·纪孝行章》）。具体来说就是，事亲"竭其力"，并且"将心中的爱表现为态度与行为的敬"①，这样就做到了尊亲、敬亲。因此，作为大学生，不仅要在物质上奉养父母，更重要的是要有爱敬之心。

（三）有智慧地谏诤

《孟子·离娄上》云："不得乎亲，不可以为人。不顺乎亲，不可以为子。"事亲首先要做到顺亲，但如果亲长有过，子女究竟是该曲意逢迎还是以义谏诤呢？对此，《孝经》给出了明确的答案。《孝经·谏争章》载：曾子问孔子，从父之令，是否为孝？孔子回答说，天子无道却不失天下、诸侯无道却不失国、大夫无道却不失家、士不离于令名、父免于不义，皆是因为他们有敢于谏诤的大臣、朋友和儿子。从这个角度上来说，只是一味地顺从父亲的命令而不懂得谏诤，就不能算作孝。汉代赵岐将"阿意曲从，陷亲不义"视为"三不孝"之一，"于礼有不孝者三，谓阿意曲从，陷亲不义，一不孝也；家贫亲老，不为禄仕，二不孝也；不娶无子，绝先祖祀，三不孝也"（《孟子注疏·离娄上》）。所以，子女对父母进行谏诤，不但没有违背孝道，反而是大孝。可见，谏诤与孝并行不悖，就尽孝而言，谏诤比绝对顺从更重要也更难做到。当然，谏诤的前提是"父母有过"（《大戴礼记·曾子大孝》）。也就是说，只有当父母有过时，做子女的才需要谏诤。

这里需要注意的是，在对父母的过错进行谏诤时，要做到："微谏不倦"（《大戴礼记·曾子立孝》）。也就是说，要有耐心地委婉劝谏。不仅如此，曾子甚至将"有亲可谏，有君可去，有子可怒"与"有亲可畏，有君可事，有子可遗""有君可喻，有友可助"视为君子三乐（《韩诗外传》卷9）。如果父母不采纳建议，又当如何去做呢？是装聋作哑还是激烈对抗呢？

---

① 肖群忠：《〈礼记〉的孝道思想及其泛化》，《西北师大学报》（社会科学版）1995年第2期。

《论语·里仁》给出了答案："又敬不违，劳而不怨。"父母养育子女不容易，如果因为他们有错误，就对其不敬，那么就会对父母身心造成极大伤害，更有违伦常。可见，行孝不仅需要诤谏，还需要注意方式方法，即使父母有错，也要怡色柔声、微谏不倦，尽可能做到"情义兼尽"①。就谏诤方式而言，有正谏、降谏、忠谏、戆谏、顺谏、窥谏、指谏、陷谏、尸谏等，孔子、刘向、班固、应劭和范晔等皆主张"讽谏"，即不直指其事，而是用委婉的言语进行劝谏。至于具体的谏诤方式还应视情况而定。因此，对于父母的过错，当代大学生要对其进行有智慧的谏诤。

（四）由家庭领域延伸至职业领域和社会领域

作为高校思想政治理论课之一的《思想道德与法治》涉及"家庭美德"的基本规范，首先就提到了"尊老爱幼"，指出"我国自古以来就倡导'老有所终，幼有所养'，形成了尊老爱幼的良好家庭道德传统。子女要孝敬、赡养父母及长辈，父母要抚育、爱护子女，这不仅是每个公民必须遵守的道德准则，也是应尽的社会责任和法律义务"。教师可以以此为切入点，对大学生进行家庭美德教育。一个人若能在家庭领域中，尊老爱幼、男女平等、夫妻和睦、勤俭持家、邻里团结，那么，他往往会在职业领域，爱岗敬业、诚实守信、办事公道、服务群众、奉献社会；在社会领域，文明礼貌、助人为乐、爱护公物、保护环境、遵纪守法。这是孝由家庭领域向职业领域和社会领域的延伸。一个人首先应当孝敬父母、尊重兄长，进而"以其所爱，及其所不爱"（《孟子·尽心下》），以同样的情感对待其他所有的人和物，最终形成亲亲、仁民、爱物的和谐局面。相反，一个人如果连父母都不爱敬，那么又何以谈爱他人、爱社会呢？可见，孝是基础、是前提，它具有辐射作用和外推功能，"小孝持家，中孝立业，大孝治国"。正如《论语·学

---

① 参见钱穆：《论语新解》，三联书店 2002 年版，第 102 页。

而》所说："弟子入则孝，出则弟，谨而信，泛爱众，而亲仁"，使孝从家庭领域上升到职业领域和社会领域。由此可见，当代大学生首先要在家庭领域爱敬亲长、团结邻里，继而扩展到职业领域和社会领域，成为对国家和社会有用的人。

当代大学生大都懂得孝敬父母的道理，并将之作为一项义务。但孝是否是单方面的呢？作为子女，孝敬父母天经地义，但父母是否也应做出值得子女尊重的行为呢？《左传·昭公二十六年》载："君令臣共，父慈子孝，兄爱弟敬，夫和妻柔，姑慈妇听，礼也。君令而不违，臣共而不贰；父慈而教，子孝而箴；兄爱而友，弟敬而顺；夫和而义，妻柔而正；姑慈而从，妇听而婉：礼之善物也。"可见，孝是上下之间一种相互的道德要求，而非单方面的义务。

三、将中华优秀传统孝文化
融入思想政治理论课

《关于培育和践行社会主义核心价值观的意见》强调，不断完善中华优秀传统文化教育……创新……高校思想政治理论课教育教学，推动社会主义核心价值观进教材、进课堂、进学生头脑。中华优秀传统文化是对大学生进行思想政治教育的重要资源，是涵养社会主义核心价值观的深厚源泉，应当充分发挥其在思想政治教育中的重要作用。作为中华优秀传统文化的重要组成部分，传统孝文化在历史上曾经起到过积极的作用，对于今天的社会主义道德建设依然有着极其重要的启示意义。但在经济全球化、文化多元化的今天，如何利用传统孝文化对当代大学生进行家庭美德教育，进而推进职业道德和社会公德教育，依然是一个值得深入思考的问题。利用传统孝文化对当代大学生进行家庭美德教育，绝非将传统孝文化的内容不加选择地全盘灌输给学生，而是应当运用马克思主义的立场、方法和观点，做到古为今用、以古鉴今，坚持有扬弃地继承，最终实现传统孝文化的创造性转化和创新性发展，最终让传统孝文化进教材、进课堂、进头脑。

（一）将中华优秀传统孝文化融入教材

充分认识中华优秀传统孝文化对当代大学生的重要意义，针对思想政治理论课如思想道德与法治课的教学任务与培养目标，在"家庭美德"部分融入中华优秀传统孝文化的内容。在教材建设过程中，从理论上进行深入研究，将传统孝文化与思想政治理论课的教学目标有机结合，坚持以马克思主义为指导，对传统孝文化进行扬弃性继承、创造性转化和创新性发展，将适合课堂教学的相关内容融入教材。这样既升华了传统孝文化的优秀成果，又丰富和发展了思想政治理论课的内容。

（二）将中华优秀传统孝文化融入课堂教学

我们应当充分发挥课堂教学在大学生思想政治教育中的重要作用。作为大学生思想政治教育的主阵地、主课堂、主渠道，高校思想政治理论课是对大学生进行中华优秀传统孝文化教育的主要渠道。以思想道德与法治课为例，教师可以在讲授"家庭美德"部分时，增加有关孝道的专题讲座，采取史论结合的方式讲解中华优秀传统孝文化，使大学生对其有一个整体的认知；还可以在法律部分讲授有关子女对父母赡养义务的相关内容，从法律层面对孝进行解读，让学生认识到对父母尽孝不仅是道德问题，还是法律要求，不孝之人不仅会受到道德的谴责，还会受到法律的惩处。教师可以通过挖掘典型案例，引发学生产生共鸣，激发其爱父母、爱他人、爱国家的情感；也可以通过反面案例，让学生引以为戒，让其认识到孝是道德和法律的双重要求。通过多种形式利用中华优秀传统孝文化对当代大学生进行家庭美德教育，进而上升到职业道德和社会公德领域，以孝促进家庭和睦、社会和谐和国家稳定。同时，还可以开设一些选修课程，如《中华传统道德》《中华孝道》《中华文化》等，设计孝道文化专题，将"尊老爱幼""感恩""仁爱"等内容融入其中，使大学生对传统孝文化有全面系统的认知，并让其在潜移默化中吸收中华优秀传统孝文化精华。

（三）将中华优秀传统孝文化融入实践活动

利用各种实践活动对大学生进行孝道教育。其一，利用各种节假日对大学生进行孝教育。如清明节、母亲节、父亲节、端午节、教师节、重阳节、感恩节等都承载着尊老敬老的元素，是对大学生进行孝道教育的重要载体。其二，结合当地资源，组织学生参观爱国主义教育基地、历史文化遗迹、历史博物馆等，激发其爱国情感。值得一提的是，如果教学案例取材于当地的社会生活，则更容易引起大学生的共鸣。其三，结合重要节日、历史事件纪念日，充分利用学生社团，开展有关孝文化的活动，如举办征文比赛、演讲比赛、辩论赛等，让学生在参与活动的同时，主动学习中华优秀传统孝文化。其四，组织学生到敬老院、福利院做志愿活动，将孝文化教育融入到学生的日常生活当中。

当然，孝文化是随着时代的发展而发展的，比如愚忠愚孝等已不能适应当代大学生孝教育的需要。因此，对于传统孝文化，应当扬弃性继承、创造性转化和创新性发展，让当代大学生内化于心、外化于行，这对维系家庭和睦、社会和谐、国家稳定有重要作用。尤其在社会老龄化的今天，加强孝教育，倡导尊老、敬老的传统美德，具有极其重要的现实意义和理论价值。

高校思政课与创新创业教育融合机制研究①

张仁枫

新时代党中央和国务院提出的创新创业教育和"大众创业、万众创新"的目标是顺应时代发展潮流，建设中国特色社会主义现代化强国的重要方针政策。加快创新创业人才培养，离不开思想政治教育对创新创业教育的涵养。2017年9月18日，教育部部长陈宝生在第三届中国"互联网+"大学生创新创业大赛闭幕式上强调，要"将思想政治教育与创新创业教育紧密结合，以学生全面发展为中心，努力造就理想信念坚定、专业知识扎实、具有创新创业能力，德才兼备的有为人才"②。鼓励大学生创新创业是党和政府加快教学转型、适应经济社会发展需求的重大战略举措。然而，目前我国高校创新创业教育的主要短板在于缺乏系统、完整的创新创业教育课程，难以全面提升大学生的创新创业综合素质。创新创业教育大多停留在专业技能培养方面，缺乏思想理论的指导和精神引领，容易导致大学生盲目创业，缺

① 基金项目：本文系国家社科基金重大项目"推动青年理想信念教育常态化制度化研究"（项目批准号：20ZDA054），以及四川大学新世纪高等教育教学改革项目工程（第八期）研究项目"思想政治理论课与创新创业教育有效融合的创新机制研究"（SCU8128）的阶段性研究成果。

② 《第三届中国"互联网+"大学生创新创业大赛收官　深入推进创新创业教育改革》，《中国教育报》2017年9月19日。

乏社会责任感和创新创业精神，有悖于社会主义教育制度的初衷和目标。高校思想政治理论课（以下简称"思政课"）是系统培养具有马克思主义素养、大学生家国情怀、创业精神品质的主阵地主渠道。因此，充分挖掘高校思政课中的有益成分，将思政课与创新创业教育有机融合是弥补创新创业教育短板的有效途径。

一、高校思政课与创新创业教育的关系

清晰认识高校创新创业教育与思政课的内在关系，是两者能否有效融合的前提。学术界普遍的观点认为创新创业教育为思想政治教育提供了新的方向，为思政课提供了新的素材；思政课为创新创业教育发挥了思想引导价值引领作用。

（一）高校创新创业教育是思政课教学的重要内容

著名思政教育专家张耀灿先生认为，思政理论教育体系可分为基础理论学科和应用理论学科两个部分。原理、史论、方法、比较四个支柱方向主体在基础理论学科中呈现，而创新创业教育、职业生涯规划、心理健康教育等则归入应用理论学科。[①] 因此，创新创业教育本身就属于思想政治教育的内容和范畴，与思政课教学一样，创新创业教育具有重要的价值导向和丰富的价值观。一方面，一定的社会或国家的创新创业教育活动，必须紧紧围绕本地区、本国的实际情况开展。创新创业教育所培养的创新意识、创业精神和创新创业能力等都是与一定的国情相适应的。另一方面，

---

① 张耀灿：《思想政治教育学科理论体系发展创新探析》，《学校党建与思想教育》2007年第 4 期。

创新创业教育本身具有一定的价值观，是以价值观为导向的教育活动和社会实践活动。

从内涵上看，创新创业教育是一种综合性的高素质教育，涉及技术、价值观念、社会文化、制度体系等在内的全方位教育。它内含着思想政治教育价值观内容，在理论上联结社会需要与大学生思想政治教育的需要。[①] 创新创业教育不仅能够为思政课教学提供新的研究角度和侧面，而且本身就是思政课的重要内容。

（二）高校思政课是创新创业教育的重要价值体现

高校思政课的教学目的在于将党和国家的理论、历史、政策等系统转化为学生的思想素质和自觉行动，培养具有马克思主义信仰的社会主义接班人。高校思政课是社会主义办学思想、价值理念和国家意志的集中体现，凝聚了社会主义意识形态、指导思想、国家制度、历史文化、道德规范等各方面的价值因素。思政课重在理论思维、思想意识、信仰信心的培养。创新创业教育是一种以问题为导向，解决社会创业就业难题的实践教育，没有系统完整的价值引领，创新创业教育就会失去灵魂，培养的人才也难以树立坚定的理想信念和良好的社会服务理念。

虽然创新创业教育不属于思想政治教育的范畴，但课程思政的"三位一体"模式恰好可以在此发挥作用；创新创业教育必将促进素质教育和专业教育的改革。[②] 因此，思想政治教育是贯穿高校创新创业教育始终的，思政课作为立德树人的主阵地主渠道，为创新创业教育提供系统的思想保障，是创新创业教育的重要价值体现。

---

① 陈春琳、薛勇：《把创业教育融入大学生思想政治教育》，《中国成人教育》2011年第4期。

② 沙军：《"课程思政"的版本升级与系统化思考》，《毛泽东邓小平理论研究》2018年第10期。

（三）高校思政课与创新创业教育的育人目标具有一致性

高校创新创业教育是将理论知识转化为实践活动的重要方式之一。高校思政课不仅提倡理论的灌输，更在于通过理论联系实际实现自我认知与社会真理的内在统一。思政课的教学内容，如爱国主义精神、理想信念教育、道德与价值观教育、国家制度和政策等方方面面的知识都可以在社会实践和创新创业教育中找到印记。创新创业教育则是以社会实践、科学技术、业务能力等为导向的综合性教育形式，两者在培养目标、教学内容等方面具有一定的重叠。因此，高校创新创业教育本质上与思政课的育人目标是一致的。①育人目标的一致性也使创新创业教育与思政课的内容体系相互渗透、相互补充。两者的融合能够形成具体的、丰富的和多元化的课程体系。

二、高校思政课与创新创业
教育融合的价值逻辑

高校思政课与创新创业教育课程在价值层面具有内在统一性，两者本质上存在不可分割的关联性。这从理论上为思政课与创新创业教育的融合提供了根本性的前提。高校思政课是创新创业教育的思想堡垒和价值引领的主阵地，创新创业教育为高校思政课的开展提供了重要的视角和素材，是推动高校思政课改革创新的重要动力。两者之间的融合是天然的内在结合。

（一）适应高校思政课与创新创业教育培养目标的现实需要

高校思政课是培养社会主义建设者和接班人的主阵地，是马克思主义

① 李东坡、王学俭：《高校思想政治理论课社会实践教学的意义、问题和对策》，《思想理论教育导刊》2014 年第 8 期。

信仰和社会主义核心价值观教育的重要平台。思政课的教学实质上是思政课教师向学生开展世界观、人生观、价值观、道德观等方面教育活动，是理论灌输的专门途径。高校创新创业教育的目的在于培养创新型人才，主要体现在增强学生的创新精神、创业意识、社会责任感以及社会实践能力，帮助学生掌握创新创业的基本理论知识，推进高校人才培养模式变革等。[1] 创新创业教育不仅需要专门的技术技能知识，更为重要的是要让学生树立正确的世界观、人生观、价值观，要让大学生们深入了解社会形势、基本国情和世界局势，从思维层面开拓学生的视野，将社会主义核心价值观融入创新创业的各环节全过程中，实现战略战术兼有的高素质人才。而高校思想政治教育在于通过学习马克思主义理论及其发展历史和国家政策等培养具有马克思主义信仰和社会主义道德观、价值观的高素质人才。

（二）顺应新时代造就高素质创新创业人才发展潮流的需要

高校的人才大多数最终都要以就业和创业的方式融入社会。当今时代，我国正处于经济结构转型和产业升级换代的关键时期，科技创新正成为国家的核心战略。以科技为生产要素的产业和企业日益增多，这就决定了社会亟须高素质、高技能、宽视野的创新人才。中国特色社会主义进入新时代开启了创新创业教育的新潮流，也为新一轮的创业潮提供了政策依据和智力保障。新一轮的创新创业与 20 世纪 90 年代前后的创业潮具有更为鲜明的时代特征和更高的质量要求，即创新创业人才需要高超的创新素质和能力。高素质的创新创业人才一般应具有宽广的国际视野、扎实的理论素养和深厚的人文情怀等素质。这些素质的提升很大程度需要通过系统

---

① 马俊平：《高校思想政治教育和创新创业教育协同育人研究》，中国水利水电出版社 2018 年版，第 75—76 页。

的思想理论教育来实现。高校思政课无疑是承担这一重任的主阵地和主渠道。

（三）思政课理论性与创新创业教育实践性的高度互补

思想政治教育具有引导性、理论性、渗透性等基本特征。高校思政课作为思想政治教育的重要形式，内在地蕴含这些特征。创新创业教育则具有高度的实践性和可操作性，两者既有相同之处，也存在一些差异。高校思政课与创新创业教育之间的张力是促使两者融合的重要根源，也是融合互补的理论前提。2004 年 8 月，中共中央、国务院印发的《关于进一步加强和改进大学生思想政治教育的意见》指出："学校思想政治理论课实效性不强，思想政治教育与大学生思想实际结合不紧。"充分体现了高校思政课亟须加强社会实践，而创新创业教育就是宏大的社会实践载体和平台。

（四）创新高校思政课教学形式的重要途径

习近平总书记在学校思想政治理论课教师座谈会上强调，推动思想政治理论课改革创新，要不断增强思政课的思想性、理论性和亲和力、针对性。思政课的理论性与创新创业教育的实践性是理论与实践的完美结合。创新创业教育可以成为思政课的实践形式，也应该以思政课的价值理念为理论指导。时代为创新创业教育的丰富和创新发展提供了母体，为思政课的改革和创新注入了活力。将创新创业教育融合到高校思政课的教学过程，不仅可以充实思政课的教学内容，改善教学结构，而且可以增强教学时效性和针对性，提升师生实践的互动性，进而真正让学生感受到学以致用的好处，真正实现思政课的"入脑入心"。

三、高校思政课与创新创业
教育融合的现实困境

当前，我国高校思政课与创新创业教育的融合程度、深度和广度上都有明显不足。高校思政课针对创新创业的具体实践教学或案例教学缺乏，创新创业教育的价值观培育还有较大的挖掘和发展空间。"重经济价值轻社会价值、重个人利益轻集体利益、急功近利"等有悖于社会主义核心价值观的精神和价值观在很大程度上腐蚀着创新创业教育的内在本质，将极大影响创新创业活动的社会生态。

（一）融合的目标理念有待更新

我国高校思想政治教育始于 1981 年教育部组织召开的全国学校思想政治工作会议。这次会议首次提出将"思想政治教育"作为一门学科在全国所有学校开设。思想政治教育将马克思列宁主义、毛泽东思想、邓小平理论等作为其指导思想，开展的主要内容包括政治教育、思想教育、道德教育等。

2005 年，《中共中央宣传部教育部关于进一步加强和改进高等学校思想政治理论课的意见》实施方案（"05 方案"）将思政课规划为四门必修课，并在本科学校全面开设，在专科学校开设两门。"05 方案"标志着新时期高校思政课的成熟与稳定，为思政课的培养目标理念提供了清晰的图景。2019年，习近平总书记在学校思想政治理论课教师座谈会上对思政课提出了"政治要强、情怀要深、思维要新、视野要广、自律要严、人格要正"的明确要求，充分彰显了高校思政课的内在要求与目标理念。

然而，在培养目标上，高校思政课与创新创业教育还是存在一些认知差异（如表 1 所示）。从表 1 中可以发现，高校思政课与创新创业教育在培养目标上具有相关性，但也存在目标体系的差异性。培养合格的社会主义建设者和接班人是两者的共同目标，但具体的内在价值和要求却有很大的差异。高校思政课更注重理论和思想的灌输和引导，创新创业教育则侧重于社会实践的意识和能力。

表 1　高校思政课与创新创业教育目标理念的差异

类别	思想政治教育（思政课）	创新创业教育
目标理念	坚持马克思主义指导思想，以"有理想信念、有核心价值、有中国精神、有能力素养"为主要内容，实现高校学生身心和谐发展，培养社会主义合格建设者和可靠接班人	顺应时代潮流、符合国家战略；培养创新型、创业型人才；适应市场经济发展的客观要求；促进我国高等教育改革发展；实现大学生自身全面发展。培养具有高尚品德、坚强意志、出众能力、创新意识、创新思维、创新性人格的创新创业型人才

（二）融合的环境和载体不够丰富

高校思政课与创新创业教育融合发展，需要学校和社会的充分参与。而目前高校的机构设置条块分割较为严重，教学管理各自为政。思政课主要由马克思主义学院来承担，创新创业教育主要由创新创业学院或教务处联合其他学院开展。马克思主义学院与创新创业学院等其他学院都属于学校的二级学院，但各学院的人才培养理念、规章制度、管理体制、考评机制等都有很大差别，实现两者的交叉融合难度较大。尽管有教师尝试将创新创业教育融入日常教学，但因没有成建制的课程规划，专业教育和创新创业教育成了"两张皮"，① 思政课等通识教育要融入创新创业教育也只能由学校主管教学的管理部门来组织实施。

课堂教学是两者融合的重要载体。在课堂教学方面，目前的创新创业教育培养目标和课程体系中还没有相关的课程，即使开设，也是如《创新创

---

① 张烁：《创新创业，高校怎么教》，《人民日报》2015 年 7 月 9 日。

业导论》《创业精神》《创新创业伦理》等边缘性的课程，并没有从培养目标的角度设置专门针对创新创业教育的思想政治理论课程，这在一定程度上会影响创新创业教育的价值引导和综合能力的培养。

（三）融合的师资力量较为短缺

创新创业教育的学科化建设滞后也影响了师资力量的配置。目前，绝大多数高校开设有创新创业教育课程，但绝大多数高校并没有成立创新创业学院。而讲授创新创业教育课程的教师大多是从各个二级学院或其他行政管理机构抽调而来的，教师队伍分散、管理松软、协同效应不足。教师之间的沟通有限、专业差异较大、教学内容结合不够等问题较为突出，单科性的学科知识难以实现创新学院教育的目标。

由于我国马克思主义理论学科建设起步较晚，新时代高校马克思主义学院的大力发展，目前高校思政课教师极为短缺，思政课教师教学任务重、科研压力大、学科建设不太成熟，思政课教师的水平和质量也存在一定的提升空间。因此，既懂创新创业教育又能够熟练开展思政课教学的复合型教师非常短缺。目前，一些高校的普遍的做法是在思政课程中嵌入一些创新创业教学的知识，而专门开设创新创业教育与思政课相结合的课程几乎没有，很大程度上受制于复合型师资力量的短板。

（四）融合的资源要素有待整合

创新创业教育是一门综合性较强，知识面宽广的跨学科教育类型，不仅仅面向工程、管理、科技等少数专业，更应是一种面对所有高校大学生的"广谱式"教育,① 在培养创新意识、创新能力等方面具有较强的普及性。

---

① 王占仁：《推进高校创新创业教育的策略创新》，《光明日报》2016 年 2 月 4 日。

高校是承担科学研究、理论研究和技术应用的重要实体，具有创新创业教育所需要的几乎所有知识储备，理应能够很好地开展创新创业教育。但碍于各种机制体制，高校各学院各学科的知识体系和管理模式相对独立，在开展创新创业教育这种复合型跨学科的课程时往往难以发挥较好的作用。

体制机制的不完善也带来了校内外资源整合不够的问题。如学校与企业的合作不多，不够深入。一些学校与校外企业建立了长期的合作关系，但合作的重点在科技创新等核心技术的合作，在思想价值观方面的育人合作鲜有进展。此外，思政课与创新创业教育融合的教学内容还没有真正成形，结合度不高。高校本科生开设的思政课主要是马克思主义基本原理、中国近现代史纲要、思想道德修养与法律基础、毛泽东思想和中国特色社会主义理论体系、形势与政策，创新创业教育主要围绕创业指导、企业家精神、创业伦理、创新基础理论、创新创业思维训练等课程实行。两者的教学内容相对独立。

四、构建高校思政课与创新创业教育融合的实现机制

高校思政课与创新创业教育的融合具有内在的优势和条件，但两者的融合依然存在较多的难点，需要构建高校思政课与创新创业教育融合的长效机制。

（一）增强融合意识，构建高校思政课与创新创业教育融合的思想保障机制

思想是行为的向导。高校创新创业教育与思政课融合不够，根本原因在于高校领导层对创新创业教育的价值引导作用认识不到位。因此，高校领导

要坚持立德树人的原则，从思想上解决认知困局。

第一，充分认识思政课对创新创业教育的导向作用。思政课内含丰富的世界观、人生观、价值观的教育，对创新创业教育具有重要的导向作用。应将思政课中的精神内核与创新创业教育需要的创业精神进行结合。实现既有理论深度，又有实际效用的思想导向教育。首先，要引导大学生树立正确的创业观，指导他们正确认识个人—社会—国家的相互关系，正确处理个人利益、社会利益、国家利益，涵养为人民服务、为社会和国家做贡献的创业正气。其次，要加强大学生道德情操和法律素养的培养。以社会主义核心价值观为导向，强化大学生爱国敬业、诚实守信、遵纪守法等基本道德规范，努力提升自己的道德情操和社会责任感。最后，要重视锤炼大学生不屈不挠的创业精神。要将思政课中典型的案例进行立体化的讲解，结合国家发展历程和中国特色社会主义实践道路，加大爱国主义精神教育，通过实践载体推动大学生爱国主义精神转化为报效国家的自觉行动。

第二，明确创新创业教育价值观塑造的基本目标。思想政治教育是创新创业教育健康可持续发展的重要保障。思政课则是创新创业教育思想保障的主阵地和主渠道。通过思政课与创新创业教育的融合发展，培养具有坚韧品格、坚定信仰、高尚道德情操和宽广视野的复合型创业人才，可以为创新创业教育提供更好的服务，促进其更好地全面发展。

高校创新创业教育的价值观塑造是实现这一保障的重要环节。为此，需要明确高校创新创业教育价值观塑造的基本目标。思政课在促进创新创业教育价值观塑造方面具有较大优势，能够引导学生树立正确的创业观，培养大学生坚定的理想信念，磨炼大学生坚韧的创业意志和奋斗精神。高校创新创业教育的培养目标应将这些作用和效果纳入进来，细化基本目标并组织相关部门进行落实。

第三，树立创新创业教育中思想政治教育的理念。我国创新创业教育起步较晚，全社会对创新创业教育的认可度和支持力度不高，对于在创新创业教育中进行思想政治教育更是不以为然。学生对创新创业教育和思政课的关系也认识不清，一些学生对两者的结合不太认可。这说明创新创业教育与思政课的融合还有很多思想难题。因此，高校领导层要认真贯彻有关重要精神，全面落实"课程思政"的基本方略，全面加强创新创业教育教学过程中思想政治教育的渗透，更要通过创新课程设置、改革思政课教学等方式实现思政课与创新创业教育的有机融合。

（二）优化融合环境和制度，构建高校思政课与创新创业教育融合的支持机制

高校思政课能否与创新创业教育融合的关键在于高校自身能否提供优越的融合环境和政策支持。要通过各种途径加强思想政治教育在校园内潜移默化的育人作用；以开放的姿态，改革校内相关制度，整合校内外的科研和实践力量，构建全社会支持、全校参与的长效机制。

第一，强化校园文化建设，营造融合的积极氛围。文化是思想内核的源头。加强创新创业教育与思政课的有机融合，既可以通过课堂的显性教育，也可以通过文化涵养的隐性教育。正如习近平总书记在学校思想政治理论课教师座谈会上强调了要坚持"显性教育与隐性教育相结合"的原则。高校可以通过加强思想政治教育宣传，开展创新创业相关讲座，举办优秀创新创业人才先进事迹报告会和座谈会等形式，以零距离接触的方式切身体会创新创业的精神。高校也可以创新教学模式，通过建立第二课堂、举办创新创业竞赛和评选优秀人才等形式引导大学生争做创业先锋和创新模范。

第二，加大制度供给和改革力度，实现思政课与创新创业教育教学的制度衔接。在创新创业教育还没有成为学科之前，通过完善制度来组织校内资源进行课程整合是最切合实际的方法。当前，创新创业教育的管理制度还不是很完善，与思政课之间的互动和交流较少，相关的科学研究也几乎没有。为此，高校要加大制度供给和制度改革力度，通过增设思想政治教育引领创新创业教育发展实施方案等具体规定、完善培养方案等方式促进思政课与创

新创业教育融合。制定各学院落实"课程思政"和立德树人的相关制度，推动科学研究与教学的有效结合，完善校内外合作相关制度。

第三，整合校内外力量，构建创新创业教育的全社会支持机制。创新创业教育对接的是社会的创业活动。加强高校与社会的互通有无是完善创新创业教育培养体系，深化创新创业教育与思政课融合发展的重大创举。新时期，党和政府出台了一系列关于创新创业的文件，制定了一系列支持政策和优惠政策，引起了全会社的广泛关注。但在实际运行过程中仍然存在思想政治教育引导作用不足。企业与高校在人才培养方案中的合作认知不深。为此，高校要与企业等社会力量及时沟通，争取在培养创新创业人才方面获得更多的思想教育资源和支持，探索建立校校、校企、校地、校所以及国际合作的协同育人新机制，建立健全知识资本化、创新商业化的科学路径，积极促进和努力形成大学在新经济中的中心地位，形成大学—企业—政府"三螺旋"关系，积极吸引社会资源和外国优质教育资源投入创新创业人才培养，全面推动高校创新创业教育的深入改革。①

（三）加强高素质复合型师资队伍建设，构建高校思政课与创新创业教育融合的师资保障机制

师资力量是教学的灵魂。高校创新创业教育与思政课的融合最核心的是师资力量的人才支撑。要从思政方向和专业课方向两条途径进行师资力量的整合和优化。

第一，提升专业教师队伍的思想理论水平。专业课教师是创新创业教育的主力军，也是教学团队的核心力量。立德树人是每一位老师肩负的重大责任。高校创新创业专业教师要践行"课堂思政"，用理论武装自己，率先垂范，将自身的理论水平和人生经历传授给每一位学生，将创新创业过程中的

---

① 王占仁：《推进高校创新创业教育的策略创新》，《光明日报》2016 年 2 月 4 日。

价值观潜移默化地塑造出来。要整合校内外的教学力量，争取从多部门、多领域聘请专业性的高素质教师，提升专业课教学的科学性和思想性。

第二，多渠道多领域选拔专兼职理论课教师。高校创新创业教育是一门跨学科、理论与实践结合甚密的教育。高素质的师资力量是保障创新创业教育长效发展的重要保障。要完善高校创新创业教学团队师资力量校内外选拔机制，形成专兼职相结合的教师队伍结构。通过打通企业、社会组织和高校的合作渠道，千方百计组建优秀的、高素质思政教师队伍参与到创新创业教育当中来。以柔性、灵活的方式邀请校内外专家学者开展创新创业教育讲座和教学科研。

第三，探索高校思政课教师有效融入创新创业教育的体制。当前，高校思政课教师力量日益增多，成为高校思想引领的中坚力量。有效发动思政课教师加入创新创业教育队伍是保障高校思政课与创新创业教育融合的可行方式。通过向高校思政课教师征集创新创业教学课件讲义、科学研究课题等方式激励思政课教师加入创新创业教育的科研和教学中来，将思政课教师参与创新创业教学和研究作为考评和职称评聘的依据。

（四）创新教学内容和形式，构建高校思政课与创新创业教育融合的课程转化机制

教学内容和形式是高校思政课和创新创业教育融合的集中体现。高校思政课的教学内容能否创造性地转化为创新创业教学内容，关键在于转化机制的建立和完善。

首先，把握高校创新创业教育中思想政治教育的特征及规律。思想政治教育是服务于创新创业教育的重要依托。高校要准确认识到创新创业教育的培养目标、教学现状与实际问题；针对目前创新创业教育的培养目标设计课程内容，针对存在的短板和问题增设或完善相关教学内容。创新创业教育具有实践性、操作性、社会性、广谱性等基本特征，要充分把握这些特征，设

置针对全校学生的通识性思想教育，将枯燥的理论灌输转化为社会实践内容。应及时跟进教学内容与实际效果的差异，建立创新创业教育跟踪机制，不断完善课程教学的内容和形式。

其次，坚持共性与个性、理论与实践相结合的课程融合原则。创新创业教育既是综合性的教育，也是较为专业和应用性较强的教育。思政课与创新创业教育融合，不仅需要实行通识性的公共性教育，也要按照专业要求与社会需求开展个性化教育。在具体的培养过程中，高校应该充实和完善人才培养方案，设置一定数量的通识必修课和专业必修课。在通识性的必修课中应考虑重新设置一些涉及伦理学、道德修养、历史文化等思想性较强的课程。同时，还应该设置一些思想性与专业性相结合的综合性课程，培养具有历史眼光、理论素养和文化涵养的创新创业优秀人才。

此外，理论性与实践性也需要加以考虑。理论性课程包括思想政治理论课相关课程、创业理论基础、科学伦理、科技哲学等，实践课程包括大学生就业创业指导、企业家精神、创新思维训练、创新实践与实习等。在思政课与创新创业教育融合方面，要注重思政课与其他实践课的有效匹配，实现思政课的理论性、思想性对创业就业指导的有效性和科学性。

试论藏族大学生社会主义核心价值观教育的方法

李燕红

所谓价值认同，就动态过程而言，是外在教育与认同主体自我教育相互促进而得以实现认同目标的互动过程。教育是指系统地施加影响于教育对象身心，促使其思想和行为向特定目标发展的社会实践活动过程。英语"educate"前缀"e"有"出"或"导出"之意，因此，教育在西方文化语境中有"内发"之意，认为人先天都具有某种禀赋，教育的重点在于因势利导、顺势而为，即将人先天所有的某种禀赋自内而外引发出来，教育仅仅是使教育对象自身具有的某种东西明晰化而非相反。可见，西方文化意境中的"教育"本身即内含了"认同"的意蕴，教育与"认同"，有异曲同工之意，只是两者的维度不同而已，"认同"强调教育对象的"内发"，而"教育"更强调教育者外在"教"的作用。自我教育是指教育对象依据教育者的要求与自身发展的内在需求，将自我作为认识和改造的对象，以认知、反省、调控等方式，提升自我的教育方法。从传统理论看来，教育功能的实现应当且必须结合自我教育，因为外因要通过内因起作用。就价值观形成机理而言，个体价值观形成是通过心理机制实现的。因此，价值认同的实现，既要发挥教育者的主导作用，又要引导教育对象主体性的发挥，只有将教育与自我教育有机地统一起来，充分发挥两者优势，才能实现价值观认同的目标。

从以上分析可以看出，"社会主义核心价值观认同的过程，又是思想教育工作者运用正确的教育理念和恰当的教育方式对认同主体进行教育的过程"①。我国目前的教育序列及教育体制，决定了学校（尤其是高校）的价值观教育是推动藏族大学生社会主义核心价值观认同的主要途径。学校价值观教育的优势在于具备严格规范意义上的一整套科学、严谨的教育内容、教育环节和教育方法，并且，学校价值观教育具备的继承性特征，使它整合了人类历史上古今中外被实证的有益教学资源，故学校教育具有其他教育途径难以比拟的优势。在推动藏族大学生价值观认同实现方面，学校价值观教育的地位是无可替代的。

但由于藏族大学生成长环境的特殊性，如藏区经济社会发展相对滞后、厚重的传统（宗教）文化氛围，再加上"藏独"分裂势力的干扰等因素，使藏族大学生有异于汉族大学生的特殊的个性心理。这些都对高校的价值观教育提出了更高的要求，尤其体现在价值观教育方法的运用与创新方面。

如何科学合理实现藏族大学生价值观教育方法的合理运用与创新？对此，习近平总书记指出："要坚持主导性和主体性相统一，思政课教学离不开教师的主导，同时要加大对学生的认知规律和接受特点的研究，发挥学生主体性作用。"② 这也为促进藏族大学生价值认同的方法使用，指出了方向与思路。一般而言，价值观教育的方法与高校思想政治教育的方法具有一致性。所以，行之有效的思想政治教育传统方法应当继续运用、完善。如理论教育法、实践教育法、自我教育法、榜样示范教育法……同时，更要结合新时代新形势实现方法创新。但无论是传统方法的运用，还是方法创新，都应当结合教育对象——藏族大学生的特殊性来予以考量，尤其要考虑教育方法

---

① 刘新庚、刘峥：《社会主义核心价值观认同的动力要素与过程机制探索》，《中南大学学报》（社会科学版）2012 年第 6 期。

② 习近平：《用新时代中国特色社会主义思想铸魂育人　贯彻党的教育方针落实立德树人根本任务》，《人民日报》2019 年 3 月 19 日。

是否能够切实关注藏族大学生的精神层面，进而有助于提升藏族大学生的主体性。

一、坚持灌输性和启发性相统一

习近平总书记在全国思政课教师座谈会上强调："要坚持灌输性和启发性相统一，注重启发性教育，引导学生发现问题、分析问题、思考问题，在不断启发中让学生水到渠成得出结论。"① 而坚持灌输性与启发性相统一，基本的要求则是教育者和教育对象之间要实现民主平等的沟通与交流。所以，方法创新应当遵循民主平等理念，即"在平等沟通、民主讨论、互动交流中进行思想引导，有的放矢、生动活泼地开展工作"②。

民主平等理念，要求教育者与教育对象之间在充分尊重双方的人格以及民主权利的基础上，让双方自由表达其思想和观点，经过沟通、交流，在此基础之上达成意见与思想上的高度一致，共同完成教育任务。坚持民主平等理念，首先决定于教育基本矛盾的性质。作为社会主流价值意识的社会主义核心价值观与教育对象的个体价值观念之间的差异是教育的基本矛盾，集中体现于个体的思想疑难问题，这种问题属于是非的辨别问题，而非政治立场上的对抗性问题。因此，此类思想问题的解决，只能采取民主的教育方法，或者采取批评与自我批评相结合的方法。所以，针对思想方面的问题，以民主平等的方法进行沟通、交流，形成正确意见与观念，是认识规律所规定的，也是由教育基本矛盾的性质决定的。其次，民主平等理念，是由教育本质规律所决定的。价值认同作为人的价值观念方面的活动，其本质是人的活

---

① 习近平：《用新时代中国特色社会主义思想铸魂育人 贯彻党的教育方针落实立德树人根本任务》，《人民日报》2019 年 3 月 19 日。

② 《中共中央、国务院关于加强和改进新形势下高校思想政治工作的意见》，《人民日报》2017 年 2 月 28 日。

动。藏族大学生具有积极、主动的主观能动性，唯有主观能动性的充分发挥，他们才能积极主动地将教育内容内化为个体的价值理念，进而外化为主动、自觉的行为，教育目的才能实现。而教育对象能否主动地内化教育内容，则主要取决于教育过程中其主体地位是否得到尊重，包括藏族大学生的人格、权利、尊严等是否得到尊重，能否在受教育过程中实现与教育者的平等对话，能否自由、充分地表达自己的观点与思想，所有的这些都依赖于民主平等理念的充分贯彻。

方法创新中坚持灌输性与启发性相统一，坚持民主平等理念，有如下基本要求。首先，教育者要树立教育对象与教育者之间具有同等权利和平等地位的观念。唯有双方地位平等，才有可能在此基础上，展开讨论、实现交流、明辨事理。特别是在资讯日趋发展的当下，教育者和教育对象之间获取信息的渠道更趋平等与同步，教育者再无曾经享有获取知识的绝对优势。因此，双方更需在平等的基础上共享资源、相互沟通与交流，以实现共同提高的目标。其次，要求做到批评与自我批评相结合。一方面，需要让教育对象充分表达；另一方面，则需要实现批评教育和自我批评相结合，对于教育对象存在的思想问题和行为问题应当明确指出，并分析其产生的根源，以帮助他们自觉地进行自我批评，从而增强教育效果。最后，要有意识地营造浓郁的民主平等的气氛与条件。坚持民主平等理念，教育者必须有意识地积极营造一种有利于沟通与交流的民主的氛围。在此种氛围之下，教育者与教育对象之间才可能做到坦诚相见、畅所欲言，进而才会有高效的交流、沟通，价值认同才可能实现。

二、人文关怀与心理疏导相结合

相较于其他宗教而言，藏传佛教更强调精神修养，由此也衍生出藏族重精神轻物质的人生哲学。此外，藏族大学生相较于汉族大学生而言，具有更多文化冲突与适应的心理压力。所以，如何避免与消除由于心理压力与文化冲突而引起的心理困惑、心理危机与心理障碍等问题，并在此基础之上构建心理健康教育机制，显得尤为急迫。习近平总书记强调，"要坚持不懈促进高校和谐稳定，培育理性平和的健康心态，加强人文关怀与心理疏导"。①

（一）注重人文关怀

人文关怀，其内容涵盖了以人的需要为出发点的庞大系统；而方法论上则强调借助尊重、理解、关心、帮助的力量，激发藏族大学生的积极情感，自觉规范其思想、行为，达成自身与社会的和谐统一。首先，关注藏族大学生的物质生活状况。在当下，藏族民众的物质生活相较于民主改革之前，已经有了质的飞跃。但是，藏区的经济、社会发展与内地相比较，在整体上仍然滞后，事关社会公平的民生事业仍然有巨大的改进空间。在此背景之下，有很大部分来自偏远农牧区的藏族大学生，仍然面临较大的生活压力。因此，关注藏族大学生的物质生活状况，就宏观角度而言，要大力加强藏区事关社会公平的社会民生事业的发展。同时，就微观角度而言，高校要高度重视藏族大学生特别是家庭经济困难藏族大学生的生活。充分利用制度化、体制化的奖、助、贷等各种措施与方法，助力他们完成大学学业。与此同时，将思想引导与藏族大学生的生活事、身边事、发展事紧密联系，以物质帮助、咨询指导为形式，将教育内含于帮助、服务之上。并且在他们的实际生活中，鼓励藏族大学生通过合法手段与途径，大胆追求个人正当利益的实现，引导藏族大学生正确认识到通过个人努力实现个人正当利益的过程，正是实现其自我价值与社会价值高度统一的辩证过程。其次，要关注他们的精神生活。藏民族在其发展过程中，在地理、宗教、政治、社会、经济等多种

① 习近平：《把思想政治工作贯穿教育教学全过程　开创我国高等教育事业发展新局面》，《人民日报》2016 年 12 月 8 日。

因素的作用下，在其文化中形成了轻物质、重精神的传统。所以，在对藏族大学生的人文关怀中，绝不能将人文关怀狭隘地理解为物质层面，更要对藏族大学生的精神世界予以人性化关怀。实际上，作为生活信仰的宗教信仰，与政治信仰并不矛盾。对于藏传佛教的信仰也并不妨碍藏族大学生对于中国特色社会主义的信心。因此，要对他们在法律范围内的宗教信仰给予尊重的基础上，引导他们正确认识宗教本质，逐步远离宗教。最后，教育者要关注藏族大学生的个性需求，把握其思想现状与发展特点，重点应帮助藏族大学生正确认识个体与社会的关系，引导他们顺应社会发展潮流，促进其自由全面发展。

（二）注重心理疏导

心理疏导方法，其功能在于舒缓心理压力，平衡心态，提升心理适应能力，以促进教育对象心理与人格的自我发展。注重心理疏导应注意以下几个方面：首先，应当从调整藏族大学生的认知入手。因为认知的重要性在于它是情绪和意志得以产生的基础，正确、科学的社会认知会形成合理的思想与情绪，在此基础之上藏族大学生们才会产生积极的亲社会的行为。反之，不合理甚至错误的认知，则会有对事物归因的偏差，进而导致思想、思维的偏颇，以至于情绪和行为方面的失控。而关于认知，其最重要的因素则是认知风格（cognitive style），现有研究表明，场依存型是大部分藏族大学生认知风格①，教育者组织教育应以直观、形象、深入浅出、精讲多练的方式进行；在尊重藏族大学生以自己特有的认知风格进行学习的基础之上，又要鼓励他们尝试以新的信息加工方式，配合既有的认知风格来完成不同的学习任务。同时，在具体或个体咨询中，鼓励藏族大学生通过角色转换或扮演等方

① 刘瑞琦、达红旗、达瓦：《藏族大学生认知风格研究——以对西藏大学农牧学院 180 名藏族大学生的测验为例》，《西藏研究》2011 年第 2 期。

式多向度地思考问题，以消除不合理认知，使其思想、价值观念建立在相对合理、客观的认知上，实现个体行为的自觉调整。其次，引导藏族大学生以暗示、宣泄等方式自觉调控情绪。情绪参与了主体的所有活动，适度可控的紧张情绪可以激发他们的潜能。长期过分紧张的情绪则会影响藏族大学生学习、工作、活动的效率并可能降低其自身及对社会的期望。因此，要引导藏族大学生以暗示或宣泄等方式自觉调节心理。引导藏族大学生学会理智面对与适应非一己之力所能改变的现实，其目的一是力争消除易引发负面情绪的客观事件，从源头控制上实现情绪稳定。二是帮助藏族大学生以科学方式适度宣泄负面情绪，学会缓解心理紧张与控制情绪，养成积极乐观的心态。

三、以理服人和以情感人相结合

以理服人和以情感人虽然各有其特点、优势，但也有不足，在教育方法创新中，应秉持二者相结合的理念，实现优势互补，避免单一方法的不足，以取得价值认同的最大效果。

以理服人，就是通过理论讲授与阐释，依靠理论自身科学的真理力量来实现教育目的的方法，亦称为说理教育法。此种方法的目的不是单纯让教育对象机械地记住某些具体知识或理论，而是从教育对象思想实际出发，以教育对象思想道德素质发展为目标，以语言为载体交流思想，从而解决教育对象的思想问题。说理教育法以间接经验为主要内容，通过对科学理论的逻辑推理、论证、阐释，并强调教育对象的积极参与，以促进教育对象的理性认知。需要强调的是，说理教育法要求教育者必须以民主平等的态度对待教育对象，注重教育的双向交流、互动，在科学的说理过程当中提升其理性思维能力，帮助其理解和接受理论，进而提高其思想觉悟。

以情感人则以情感为纽带，凭借情感的感性力量支持，在充满人文关怀的氛围中进行教育的一种方式。它既是教育的基本方法，也是教育者的必备素质。"情"，通常而言，是心理学中情感、情绪的通称。情感、情绪是人们在实践中对于外部客观世界与自身关系的一种主观的态度体验。情感、情绪可简单划分为积极、肯定的情绪和情感与消极、否定的情绪和情感。而这两种不同的情感、情绪对于价值认同所起的作用则截然不同。积极、肯定的情感情绪，对藏族大学生价值认同的促进作用明显；而消极、否定的情感情绪则会降低藏族大学生学习、工作的愉悦体验与效率，对于价值认同只会起到抑制作用。所以，激发教育对象积极的情感、情绪，抑制弱化消极情感、情绪是教育者的重要任务。

价值认同是教育者与教育对象之间思想交流与情感交流并重的双向活动，要通过对教育对象的思想转化而实现，而情感交流作为教育手段与途径，更是不可或缺的。因此，推动藏族大学生价值认同，教育者应当高度重视情感因素，正确理解与把握情和理之间的辩证关系，力图做到最大程度的合情合理、入情入理、情理交融，实现教育目的。以理服人与以情感人相结合的理念，要求教育者应重点把握以下着力点。首先，教育者应做到以理导情，寓情于理。在具体教育工作中，情感作用的重要性不容置疑，但情感作用也不是万能的，而是有局限的，尤其需要注意的是，教育者不能就感情讲感情，而丢掉了理性的升华。人是情感动物，但更是具有理性的社会存在。教育者既要利用情感因素，更应运用真理的力量，将着力点放在扎实的理论知识与严密的逻辑推演，做到以理导情，来强化理论的说服力。另外，教育者也应寓理于情，在理论教育中善于用情，做到以情感人。其次，教育者应采取适当方式，化解教育对象的消极情绪。情绪、情感是人类心理活动的重要方面，也渗透到人类生活的所有方面，如学习、生活与工作。但是，人的情绪具有双重性。对于积极的情绪与情感，教育者应当肯定、鼓励，而对于消极的情绪与情感，则应该设法排解与消除。因为消极情绪、情感对于藏族大学生的学习、工作而言，更多会妨碍他们的工作和学习效率，甚至有害于他们的身心健康。作为教育者，应当随时随地了解藏族大学生的种种不良情感，并通过适当的方式帮助他们调适和排解。

四、显性教育与隐性教育相统一

显性教育，是指教育对象能清楚地认识到该教育的目的、要求的教育方式，其实施途径与措施主要是以有目的有计划的显性课程方式进行系统教育。隐性教育是指教育对象无法主动意识到的教育方式，其主要途径在于创设特定教育环境与氛围，通过对置身其间的教育对象的熏陶、暗示、启迪、激励，在潜移默化中实现教育目标的教育方式。科尔伯格认为青少年的大部分道德观念主要来源即是此种隐性课程，在他看来，隐性课程的重要意义甚至超过了其他任何正规课程。[1] 因此，推进藏族大学生价值认同，"要坚持显性教育和隐性教育相统一"[2]，以充分发挥各自优势，弥补其不足，才可能实现较好的效果。

（一）加强显性教育中"渗透式"影响

显性教育中强化"渗透式"影响，主要在以下方面着力。首先，以师德建设为重点，提升教育者人格魅力。教师对藏族大学生的影响，表现于以下两个方面，其一是教师人格方面的影响，这种影响属于潜移默化的影响。教师的思想信念、道德状况、价值观念、生活态度，必然会以有形或无形的方式对学生产生影响，并且，这种影响往往不易让人觉察，但会在学生的思

---

[1] 郭本禹：《道德认知发展与道德教育——科尔伯格的理念与实践》，福建教育出版社1999年版，第204页。
[2] 习近平：《用新时代中国特色社会主义思想铸魂育人 贯彻党的教育方针落实立德树人根本任务》，《人民日报》2019年3月19日。

想与言行中留下痕迹。其二是教师处事方式的影响。学生往往特别关注教师如何处理学生的各种事情，尤其是涉及学生利益事件的处理，如奖学金的评定。藏族大学生仍处于成长时期，尤其在思想、价值观等的形成方面，模仿性极强，教师的处事方式与方法对学生足以影响一生，而不管是积极影响抑或消极影响。所以，应大力加强师德建设，教师应以社会主义核心价值观为坐标，以自己良好的仪表举止、高尚的人格品行、科学的处事方式影响藏族大学生思想品德与价值观念，这也是强化显性教育隐性渗透的关键环节。其次，促使显性教育内容系统化地向其他课程渗透。西方发达资本主义国家的高校在开设专门的政治学、哲学、公民学等公开的道德课程之外，还特别注重将道德教育有意识地系统渗透到其他学科教学之中，强调其他学科对道德教育的载体作用与渗透作用。德国的高校要求每一门主修专业必须从社会、历史、伦理学的角度展开学习与研究。美国高校的公民科与社会科，其课程皆包括大量的政治道德的内容与资料。西方国家的做法，给我们提供了思路：我们也应借鉴其成熟的做法，将社会主义核心价值观的内容系统化地渗透于藏族大学生的课程当中，以期实现教育有效性的最大化。

（二）持续优化环境以加强隐性教育

推进藏族大学生价值认同，学校、家庭与社会都承担了教育的功能与责任。因此，作为教育单位，一方面，要有意识有目的地为藏族大学生创设一种内含社会主义核心价值观意蕴如民主、自由、平等、和谐的氛围和环境，使社会主义核心价值观的积极信息在不知不觉中无形地为藏族大学生所接受，形成他们的积极价值心理，为最终提升其科学的价值理念奠定积极的心理基础；另一方面，要有意识地注重教育生活化和生活教育化。推进藏族大学生价值认同要立足于现实生活，依托现实生活进行教育，实现教育生活化，生活教育化。这就要求教育者关注藏族大学生生活状况，并密切联系个体的日常生活促进价值认同，要寓教育于藏族大学生个体的日常生活中，注重其日常生活环境的教育性，使藏族大学生个体在自己的日常生活之中受到潜移默化的无形教育。教育越接近藏族大学生的生活领域，也就越与藏族大学生个体的尊严和幸福、心灵的和谐密切相关，越容易被藏族大学生所接受。

多元化价值观背景下千禧一代大学生的道德特征及德育难点

吴　敏　张珊珊

千禧一代大学生正陆续成为本科教育的主流。就道德教育而言，他们为我们带来新挑战。一方面，他们的成长环境更加开放，新科技的应用正极大地改变着人类的生活；另一方面，他们所面临的挑战也更大，急速变化的社会经济与文化环境，对他们价值观的形成带来种种不稳定因素。这意味着，在一个多元化的社会中，他们势必面临更加碎片化的德育环境，稳定的道德心理与道德选择机制的形成会面临更加严峻的考验——社会背景带来的相对主义与虚无主义的冲击将毫无疑问浸入其整个成长过程。因此，就德育而言，我们需要展开一场针对千禧一代道德现状的德育调查与德育改革。就思政课而言，在探讨如何培育时代新人的时候，必须将教学改革置于对教学主体的充分认知基础上。这意味着，思政课对自身的德育定位需做时代与环境的背书。就现实而言，对思政课程的政治功能的强调已十分突出，但对其道德功能及其恰当的嵌入机制的思考，却未为深入。与"80""90"后相比，千禧一代究竟有什么不同？他们的道德引发机制与选择逻辑，如何受到时代及社会环境的影响？他们如何既被它们塑造，同时，又如何挣扎着想要摆脱时代的烙印，获得自身的认同感，确立自我同一性？

一、当下高等教育以思政课为主体的德育现状

对以上问题的回答，将是道德教育能否有机地契合千禧一代的道德心理发展特点，帮助他们塑造正向价值观的关键，也是提升大学思政课程认同度，改进其教学效果与教学影响力的前提。就当下的教学改革而言，对教学主体的关注度尚未成为重点。现有的教学改革主要围绕教学理念、教学方法与手段展开，却甚少提及对教学主体的反思。在外部环境较少发生变化的时候，教学理念从以"教"为中心转换为以"学"为中心，能够极大地推动教学效果。但就德育而言，教学主体已然发生巨变，而我们却对他们正在遭遇的道德困境及其内在困惑知之甚少，那么，如何真正做到以"学"为中心？在一个外界环境日新月异的时代，又如何能够让课堂教学对学生价值观的塑造产生持久影响？这是当前思政课程教学改革亟须回答的问题。

就现实而言，大学德育正面临以下三方面的挑战。

首先，在高校德育教学体系中，更加强调课程的政治教育功能，而对思政课程的主体性及其核心地位的认知度不够。虽然，道德教育与政治教育都旨在对学生人生观的形成施加影响，引导并帮助学生规划自己的理想、价值观及社会定位，二者在很多方面具有相似的教学结构与手段，但是，二者的内在张力也是明显的。就德育而言，它的重点在于价值观的内化，着重引导教育主体自身反思，及其自我意识的确立。成功的德育，能够帮助推动道德主体完成诸种价值观的内化，并达到多元价值观的内在平衡。简单地说，成功的德育，能够帮助推动教学主体的道德自我认同，当他们面对外在多元世界的冲击时，能够有稳定且积极的道德回应。而成功的政治教育，其着重点在于推动教育主体的社会认同，即对国家、民族与社会的认可度、融入度及责任感的建立。二者的教学方向各有侧重。前者着重对道德主体内在的引导与启发；而后者则着重对道德主体外在性的开启。

因为对二者教育方向的混淆，思政课程在教学改革中往往将道德教育流于政治教育，使德育教学改革泛政治化，反而影响了教学改革的有效性。一个典型的例证，就是学生对以陈果为代表的"智慧树"网络平台中《思想道德修养与法律基础》慕课的评价两极化。对课程的反对意见与网络评价异曲同工——"毒鸡汤"。事实上，课程本身展现了很好的创新性，亦具备相当的德育高度。其交互式的德育教育模式，在网络课程和实体课程中都有口皆碑。类似"毒鸡汤"的评价，多少带有对其政治课定位的恶意，进而贬低课程的德育功效。[①] 学者的研究亦有这种趋势。在阎小骏做的田野考察中，政治课仅仅被视为"意识形态教育及政治管理的工具"，应对多元价值观的冲击的目的在于"纠正和改变全球化环境下青年群体的'政治冷感'和市场经济条件下大学生对国家主流意识形态的疏离"[②]。

毋庸置疑，思政课程承担着大学德育的系统性教学任务，是德育教学改革的主战场。在"课程思政"理念的背景下，思政课程应当起到引领其他专业课程道德教育方向与教学实践的作用。在强调课程的政治教育功能的同时，需要更加细致地开发其德育功能，规避并以政治功能代替德育功能的趋势。

其次，大学德育体系碎片化及大学教师对大学德育的忽视。虽然"课程思政"理念已经开启一种将道德教育全课程、全体系化的教改模式，但就德育而言，各课程间的协作机制尚未建立，从师资培训到人才培养体系，专业课老师并未对此有足够认知。在我们做的访谈中，学生认为，大学的道德教育非常有限，而在有限的道德教育中，令人印象深刻的往往并非出自思政课程，甚至并非出自课堂，而是来自和辅导员、专业课教师等的私下交流。某些课程指导和交流甚至是负面的。比如，某位研究生三年级的女硕士就坦言：

---

① 相关网络评论可参考网文"三毒女的黄昏：于丹、咪蒙、陈果"，https://www.douban.com/note/721503288/。对陈果"毒鸡汤"的定位是个复杂的社会认知问题。在这里单列她的争议，是想强调，在师生中对这个问题的认知有对思政课程德育定位的忽视及将其泛政治化的原因。

② 阎小骏：《中国何以稳定》，中国社会科学出版社 2017 年版，第 143—147 页。

"我的导师认为，女生不如男生，所以告诉我不愿意招收我做博士生。我现在只能尝试另外找导师。……说实话，他的评价让我很沮丧，也让我很没有信心。"

而在对专业课教师的访谈中，我们发现，大部分人并没有意识到自己所担当的德育角色。有少部分人甚至认为，无论是基于大学生已经成年的现实，还是基于所教授的课程性质，自己都不应当也不适于介入学生的道德品质养成和人格培养。

然而，无论是就学生的反馈，还是就成年早期人格心理发展规律而言，这种认知都不合时宜。在我们做的所有访谈中，学生对"好老师"的评价标准，无一例外将"沟通"放在"学识"和"名气"之上。就"沟通"而言，学生的诉求很简单，"是否愿意和我聊聊，不一定聊学习的问题……就是有些生活中的困惑，他能给我指点"，"那位老师很有名，但上课从来不理我们。提问题也只找他喜欢的几位同学回答，好像我们其他人都是多余的。……我们都不喜欢他"，"他给了我很大启发，原来还可以这样看待问题，这是其他老师没有告诉过我的"。

大学生正处于成年早期心理发展阶段。在这一阶段，道德心理的发展尚在进行，虽然价值观已开始固化，但尚未完全固化。我们往往重视成年早期之前的青春期阶段，而忽视对成年早期人群道德心理培养的介入，仿佛一夜之间，一个青春期的孩子就能成长为大人。大学德育之所以重要，正在于它是许多人进入社会并完成自身成人化建构之前的最后一个正规教育能够发挥作用的德育阶段。同时，在这一阶段的青年，其理性思辨能力正在急速发展。与青春期相比，他们对社会正义与道德价值的判断更加深刻，但尚未达到25岁左右比较成熟的道德判断阶段。更加深刻的思考意味着更加独立的性格，但同时也意味着对社会冲击更加敏感、多疑。按照科尔伯格的道德心理发展理论，一部分人会停滞在建构批判性思维之前，最终无法进入到道德心理发展的高阶段。所以，为成年早期群体提供系统性的德育培训，引导他们批判性思维的建构，为其理想、信念、勇气与责任担当意识的内化提供支持，是大学德育的职责与功能。

然而，各课程间的德育模式的横亘，以及教师的认知度，并不能匹配学生的道德心理发展现状。将碎片化的德育教学结构，加之于成长中的个人，有大大加剧其价值观碎片化的可能性。正如以上所引学生对老师的评价，学生对道德教育的现状并不满意。因为大部分学生对思政课道德教育功能的认知远远低于对其政治教育功能的认知，而对专业课程的德育功能感知不足，所以，他们评价大学德育的主要依据在于和一线教师的沟通。他们对德育成效的反馈也十分具体，并非真如课本所言，是对远大理想与高尚人生观的培养，而是教学——主要而言，就是在与教师的沟通中得到的——对当下面临的生活困境、社会交际、职业选择等现实问题的回应。

最后，对学生的第一人称立场回应不足。现有的高校教育教学改革着重对"教"的改变，以回归"学"为中心。这意味着，对教学结果的看重。就道德教育而言，有效的教学结果是学生内在的对道德相对主义与虚无主义的回击。然而，现有的以学科（主要是思政课）为核心的课程体系，难以考核学生内在的价值观建构状况。相反，以教带学的这种对象化的教学模式，增加了学生认知道德价值的难度；以讲授为主导，缺乏引导建构批判性思维，导致课程对外部价值观冲击的回应不足。这样也可以理解，为何在学生的评价中，他们并不看重以思政课为核心的德育系列课程，而更加看重与课程教师的交流。分析学生的叙述逻辑，恰恰可以发现课程教学的不足，我们教授的道德知识并未被他们很好地消化并内化为解决自身道德困境的有机要素。

在访谈中，学生对以思政课为核心的大学德育课程体系印象模糊，其原因还在于，僵化的教学结构对当下多元化社会价值观的回应不足。比如，在谈到如何树立个人自信以对抗社会压力，尤其是不好的社会风气带来的影响时，一位同学谈起了自己兼职时碰到的问题。由于经济拮据，她无法为自己购买质量比较好的化妆品。这遭到其他员工的嘲弄：

"小×，姐姐我告诉你，口红还是不能买太便宜的，因为颜色不正，涂在嘴上也不容易化开。"

另一个让她印象深刻的"教训"是，因为着装不够时髦，"颜值不够"，办公室的前辈会更容易忽略自己。但另一位足够漂亮的兼职大学生却能够得到照顾。

"以至于，您知道吗，我都不敢点口味重的盒饭，怕被人笑话。"

需要怎样回应类似这样的价值困惑？简单粗暴地批评"颜值即正义"的价值观显然不够。需要思考的是，怎样帮助他们建立内在的自信抵御外部世界对人自身的物化与异化。然而，千禧一代正在面临较之"80"后与"90"后更加深刻的社会正义与阶层问题。这意味着，很多正在给他们上课的所谓"同龄"或者代际差异不大的老师，并不了解他们的遭遇，无法将课程知识转化为能够与之对应的课程分析。在这里，除了对一线教师的知识结构提出更高的要求外，还需要着意培养他们的同情感与同理心。否则，一个知识渊博但读不懂学生的老师，并不能在德育中起到作用。延续苏格拉底提出的问题——道德能否被教授，我们也需要思考，在哪个层面，作为大学教师能够向成年早期的个体教授道德，教授什么样的道德，以什么方式教授。

二、第一人称立场之下对学生道德现状的考察

从以"学"为中心的教改理念转化为以"学生"为中心的教学理念。前期需要做好充分的调研。为此，我们设置了一个道德思想实验，想要通过收集学生的回答刻画当下大学生的内在道德逻辑。以下是实验设计：

在某个纵横排列的城市中，东西向的道路都是大路，南北向的道路都是小路。在上下班时间段，城市总是出现交通拥堵。经过调查，发现以下几个特点：

1. 堵车的原因是大部分人都开车上班。

2. 由于城市生活区和工作区呈东西向排布，因此，大部分人通勤的方向是东西向，不会走南北向道路；少部分人以南北向为主，兼走东西向；只有更少的一部分人完全以南北向为主，无法走任何一段东西向道路。

现在，需要分配红绿灯时长。请做出你的规划并说明，你的规划基于效率原则（牺牲小路上的人，让大路红灯更短，使整体通行效率更高），还是公平原则（平均分配红绿灯时长）。

通过区别情景带入/不带入，将学生随机分配为 A、B 两组，让他们分别回答红绿灯分配方案和分配依据。A 组同学未特别设置情景，但 B 组同学被强调假设正处于小路上。

我们在在职研究生和全日制本科生中做了问卷收集。以下是结果：

表 1　本科生/研究生 A/B 组选择百分比

| | | | question2 | | 合计 |
			A	B	
职业	本科生	计数	776	149	925
		职业中的%	83.9%	16.1%	100.0%
	研究生	计数	124	10	134
		职业中的%	92.5%	7.5%	100.0%
合计		计数	900	159	1059
		职业中的%	85.0%	15.0%	100.0%

表 2　本科生/研究生 A/B 组选择回归分析

	值	df	渐进 Sig.（双侧）	精确 Sig.（双侧）	精确 Sig.（单侧）
Pearson 卡方	6.856a	1	.009		
连续校正 b	6.195	1	.013		
似然比	7.981	1	.005		
Fisher 的精确检验				.007	.004
线性和线性组合	6.850	1	.009		
有效案例中的 N	1059				

a. 0 单元格（.0%）的期望计数少于 5。最小期望计数为 20.12。b. 仅对 2×2 表计算

注：1. 在职研究生班（自然辩证法班级，成都）　N=156，其中 N1=71，N2=84。

　　2. 全日制本科生（全国，绝大部分是四川大学大一新生）　N=950，其中 N1=631，N2=319。

调查的结果反映：

1. 在所有的样本中，研究生（"90"后）与本科生（千禧一代）在效率和公平的选择上存在显著差异，本科生更倾向于选择公平原则。

2. 在视角为小路的样本中，研究生（"90"后）与本科生（千禧一代）在效率和公平的选择上存在显著差异，本科生更倾向于选择公平原则。

这说明：

1. 以在职研究生主体为"80"—"80"后，本科生主体为千禧一代作区分。选择社会利益最大化（选择大路红灯更短），让少部分人承受更多损失是主流价值倾向。这并不存在代际差异，也不存在性别差异。情境带入与否对选择也不具备差异性作用。当然，这可能来自于纸面回答对情境的引入较弱。

2. 但是，在对选择考虑牺牲少部分利益是否正当的学生做考察，并对他们作卡方分析后，我们发现，千禧一代更倾向于照顾少部分群体的利益，而对牺牲少部分以达成社会利益最大化存在疑虑。

3. 这个分析基于对选择照顾少部分群体（选择平分红绿灯时长或按照单个车辆通行所需时长均衡安排红绿灯）的被试。在两个群体中，选择这种安排的被试都整体偏少。但卡方分析的意义在于，对比发现，千禧一代会倾向于选择公平原则。

这个道德思想实验真正考查的，并非效率与公平在青年人中的接受度差异，而是代际间对差异性的敏感度差异。如果选择公平原则的群体较多，就意味着在这一群体中能够敏感地发现社会多数群体与少数群体的利益冲突并能更审慎地对待这一冲突，将之置于需要认真判别的地位的人更多。从做出判断的被试视角看，这还意味着，被试的自我意识更强烈。就以上的调查结果而言，我们可以发现，青年人群体整体而言并未存在巨大的选择差异。无论是在研究生还是本科生群体中，选择效率原则都超过80%。这说明，集体主义原则深入人心。但是，千禧一代中选择公平原则的人数比例高于研究生群体。我们对此做的卡方分析表明，人数比例存在显著差异。这说明，千禧一代存在更大不确定性。

差异可能来自代际差异，比如成长环境遇到的价值观冲突。也可能来自更加开放包容的社会环境对小众价值观的接纳度更高。究其背后的原因，我们会在以后的文章中通过质性研究作更深入的分析。在这里，需要强调的是这样一个既成事实，无论出于何种原因，千禧一代这一群体中价值观的多元化更加突出，对自我的关注度更高。这意味着，他们更容易和周围人群产生分歧。相较于"80""90"后，他们的自我意识更强，也更敏感于自我和环境的冲突。随之而来的，是他们塑造自身道德同一性的难度在加大。

这就是从教学主体的第一人称视角传递的道德困境——在一个存在主流叙述体系的道德环境中，自我该如何安置。而在现有的教学环节中，从课堂讲授到成绩考核，我们都没有相应的教学设计去帮助学生梳理这一差异。但问题在于，根据这个实验，我们可以看出，千禧一代对自身和对差异性的价值观更加敏感。道德困境关注的并不是社会选择的大多数，而是存在选择差异的少数。我们还需要知道，就主体的第一人称视角而言，每一个学生都是这个选择差异的少数。即使他的选项恰恰符合主流价值观，但内化的道德论证必须出于主体自决。所以，这一困境是全体学生都会面临的，而大学德育需要做的，是教会更具学理性、更富逻辑性的思维方式，同时帮助学生建构同情的道德心理机制，以理解自我的独特性不仅指自己，还指任何做出与自己相同或不同选择的其他人。

三、对课程思政教学改革的反思

对千禧一代的德育教育亟待改革，因为，就上述实验而言，他们的群体性差异更大更显著。如若不对这种基于代际和群体内部的差异性作出回应，则大学德育将无法帮助学生建立道德的自我同一性。在差异性加大的背景下，千禧一代道德相对化与虚无化的倾向将更加明显。

就道德教育的教学改革而言，应当比现行的教学改革更加深入，从以"学"为中心，内化到以"学生"为中心。避免大学德育碎片化的方式，既要注重外在形式的统一，当下正在推动的"课程思政"即是在这方面做出努力；还要转换视角，去发现大学德育的叙述体系，在教学终端完成从形式碎片化到教学一体化的转换。这就是说，规避碎片化的目的应当降低学生价值观的碎片化，减少其道德困惑。须知，教学可以碎片化，但教学所面对的个体应当，也只能被视为一个整体。

如何做到教学手段的碎片化与教学主体整体化？我们需要从教学结构与师资培训做双重调整：

第一，需要改革思政课教学—考察体系，针对学生的道德现状与道德困境展开以学生的第一人称视角为中心的教育教学。课程思政需将人生观与价值观教育植入人才培育的全课程体系，不仅要在思政课程中，也要在专业教学中抓好道德教育，将职业教育纳入德育体系中，从大学生的未来规划入手，帮助他们正确看待当下的发展困境与远大前程之间的关系。另外，标准化考试应当加速改革。就德育而言，其教学成果应该反映为学生正确的世界观与自信而坚强的内在自我。客观化的考试体系不能如实反映学生道德主体性的建构情况。建议将德育考核转换为道德心理测试，不计入成绩评定；完善思政课程的非标准化考核，将平时成绩、小组讨论及课程作业作为成绩评定的有机组成部分。这既有利于教师掌握学生的道德心理现状，又能够激发学生主动建构道德自我。

第二，需要改革教师培训机制，将同理心与同情感的培训植入教师培训中，使之成为教师培训的必要组成部分。就课程思政体系的建构而言，没有专业课教师的积极参与无法达到全课程培育的目标。与思政课教师相比，专业课教师往往能够更多地接触学生。这在我们的访谈中也有体现。但是，许多专业课教师更加注重知识的传授，而有意或无意地避免与学生的接触。在思政课教师中，也有泛知识化而缺乏主动了解学生的倾向。

小　结

对千禧一代的道德现状的考察，能够为大学德育课程教学改革提供依据，同时厘清改革方向。我们需要通过这一考察，将学生的第一人称视角转换为一线教师的培训内容与授课要素。这将有助于高校对这一群体的道德引导与人格塑造。

责任编辑：冯　瑶
封面设计：林芝玉　胡欣欣
版式设计：王欢欢
责任校对：吕　飞

图书在版编目（CIP）数据

新时代高校思想政治理论课改革创新研究/李栓久 主编. —北京：人民出版社，
　2023.9
（高校思想政治工作研究文库）
ISBN 978－7－01－025940－6

Ⅰ.①新…　Ⅱ.①李…　Ⅲ.①高等学校-思想政治教育-教学改革-研究-中国
　Ⅳ.①G641

中国国家版本馆 CIP 数据核字（2023）第 175170 号

新时代高校思想政治理论课改革创新研究
XINSHIDAI GAOXIAO SIXIANG ZHENGZHI LILUNKE
GAIGE CHUANGXIN YANJIU

李栓久　主编

人民出版社 出版发行
（100706　北京市东城区隆福寺街 99 号）

中煤（北京）印务有限公司印刷　新华书店经销

2023 年 9 月第 1 版　2023 年 9 月北京第 1 次印刷
开本：710 毫米×1000 毫米 1/16　印张：15.5
字数：230 千字

ISBN 978－7－01－025940－6　定价：68.00 元

邮购地址 100706　北京市东城区隆福寺街 99 号
人民东方图书销售中心　电话（010）65250042　65289539